碳中和革命
新时代的低碳方案与行业机遇

张泽谦 ◎ 著

电子工业出版社
Publishing House of Electronics Industry
北京·BEIJING

内 容 简 介

碳中和是一个新时代的开始，这个时代以低碳为核心，社会与行业格局也逐渐向低碳靠拢，所有人都不可能置身事外。

本书围绕碳中和进行讲解，基础篇详细阐述了与碳中和相关的理论知识，包括提出碳中和的原因、碳中和的发展现状、碳中和的发展趋势等。路径篇罗列了实现碳中和的四大关键点，包括新能源替代，碳汇体系建设，碳捕集、利用与封存，碳市场布局。应用篇总结了碳中和对制造、农业、金融、建筑、交通等多个行业产生的影响，并介绍了这些行业应对碳中和时代带来的机遇与挑战的措施及其为实现碳中和目标做出的贡献。

未经许可，不得以任何方式复制或抄袭本书之部分或全部内容。
版权所有，侵权必究。

图书在版编目（CIP）数据

碳中和革命：新时代的低碳方案与行业机遇 / 张泽谦著. —北京：电子工业出版社，2023.6
ISBN 978-7-121-45427-1
Ⅰ.①碳⋯ Ⅱ.①张⋯ Ⅲ.①二氧化碳—节能减排—影响—中国经济—经济发展—研究 Ⅳ.①F124
中国国家版本馆 CIP 数据核字（2023）第 067329 号

责任编辑：刘志红（lzhmails@phei.com.cn）
印　　刷：北京七彩京通数码快印有限公司
装　　订：北京七彩京通数码快印有限公司
出版发行：电子工业出版社
　　　　　北京市海淀区万寿路 173 信箱　邮编　100036
开　　本：720×1 000　1/16　印张：12.25　字数：196 千字
版　　次：2023 年 6 月第 1 版
印　　次：2023 年 10 月第 3 次印刷
定　　价：86.00 元

凡所购买电子工业出版社图书有缺损问题，请向购买书店调换。若书店售缺，请与本社发行部联系，联系及邮购电话：（010）88254888，88258888。
质量投诉请发邮件至 zlts@phei.com.cn，盗版侵权举报请发邮件至 dbqq@phei.com.cn。
本书咨询联系方式：（010）88254479，lzhmails@phei.com.cn。

前　言

在日常生活中，我们的每一个行为都伴随着二氧化碳的产生，随着空气中的二氧化碳浓度越来越高，温室效应加剧，全球气候变暖，环境越发恶劣，甚至对生命系统造成威胁。在这一背景下，全球各国都在想方设法减排温室气体，以实现环境的可持续发展。

针对这一问题，在第 75 届联合国大会上，我国提出要力争在 2030 年前使二氧化碳排放达到峰值，在 2060 年前实现碳中和。自此，"碳达峰""碳中和"成为热门话题，并在气候雄心峰会后，关注度持续走高。

碳达峰指的是二氧化碳排放量达到历史最高值，然后经历平台期持续下降的过程，可以理解为二氧化碳排放量由增转降的历史拐点。而碳中和指的是采用各种措施抵消产生的二氧化碳，实现二氧化碳"净零排放"，即实现碳中和后，生产生活活动不会额外增加二氧化碳排放量。

除保护环境、应对气候变化外，碳中和的实现对我国的发展还具有重要的战略意义。

首先，我国对进口石油的依赖度超过 70%，这导致一些关键行业的发展不能完全掌握在自己手中。而碳中和的实现将推动清洁能源替代化石能源，可以减少关键行业对石油的使用,从而保障我国的能源安全。

其次,碳中和是一场广泛而深刻的绿色工业革命,它与每个行业、每个人都息息相关。如果我们能成为绿色工业革命的发动者、创新者,比其他国家先行一步,完成绿色工业化、绿色现代化,就可以在这场新变革中占得先机,获得发展优势。

最后,碳中和会促进更多新技术的发展,而新技术会催生新产业,新产业壮大则会带来大量的就业岗位和税收。可以说,碳中和是一个巨大的风口,无论是企业还是个人,都可以在其中找到发展机会。

作者致力于环境问题研究,着眼于碳中和发展,积极探索实现碳中和的方法,将自己的理论知识储备和实践经验总结在本书中。本书囊括了作者对碳中和时代的社会创新和行业转型的深入理解,由浅入深地对相关内容进行了介绍,具有很强的可读性。

市面上已经出版的与碳中和相关的书籍不是很多。为了丰富本书的内容,提高本书的质量,作者参考和阅读了大量资料,并对一些碳中和案例进行了分析,从而降低读者的学习难度。本书的目标是向读者传授碳中和知识,让读者充分感受到碳中和的价值。本书的读者对象为企业管理者、对碳中和感兴趣的群体及想扩展知识面的群体。无论是想了解碳中和基础知识,还是想寻找碳中和实践方法,读者都可以从本书中获得启发,找到答案。

目　录

基础篇　碳中和引领低碳革命

第 1 章　低碳时代：抓住碳中和机遇 ·· 002

1.1　碳中和开启低碳时代 ·· 002
　　1.1.1　基础知识：什么是碳中和 ·· 002
　　1.1.2　碳中和为何被提出 ·· 004
　　1.1.3　碳达峰 vs 碳中和 ·· 005
　　1.1.4　碳中和背景下的社会难题 ·· 006

1.2　了解碳中和背后的经济原理 ·· 007
　　1.2.1　人人参与的"碳账本" ·· 007
　　1.2.2　碳中和与经济发展可以兼顾 ·· 008
　　1.2.3　"双碳"经济下的投资规划 ·· 010

1.3　碳中和现状：挑战与机遇并存 ·· 011
　　1.3.1　碳中和面临的四大挑战 ·· 011
　　1.3.2　技术进步是碳中和的最大机遇 ·· 012

1.4　关于碳中和的认知误区 ·· 013
　　1.4.1　碳中和只是议题，与大众无关 ·· 014

· V ·

1.4.2　只从能源角度谈论碳中和 ………………………………… 014
　　　1.4.3　植树造林可以代替减排 …………………………………… 015
　　　1.4.4　将碳中和看作改善气候的终点 …………………………… 015

第 2 章　战略规划：加速碳中和进程 …………………………………… 017

2.1　实现碳中和的关键点 ……………………………………………… 017
　　　2.1.1　发挥政策的引导作用 ……………………………………… 017
　　　2.1.2　再生资源回收 ……………………………………………… 018
　　　2.1.3　调整与优化产业结构 ……………………………………… 020

2.2　城市是碳中和行动的"主战场" …………………………………… 021
　　　2.2.1　农业型城市：综合治理农业生态 ………………………… 022
　　　2.2.2　工业型城市：大力发展创新绿色经济 …………………… 022
　　　2.2.3　综合型城市：低碳设计，打造宜居环境 ………………… 024

2.3　个人可以为实现碳中和目标做什么 ……………………………… 028
　　　2.3.1　尽量选择低碳饮食，杜绝浪费 …………………………… 028
　　　2.3.2　增强环保意识，做到绿色消费 …………………………… 029
　　　2.3.3　绿色家居：低碳家居与家电 ……………………………… 031

2.4　资本助力：企业纷纷布局碳中和 ………………………………… 032
　　　2.4.1　合斯康：与我国共享氢能技术 …………………………… 032
　　　2.4.2　联想：打造绿色产品，推动循环经济发展 ……………… 033
　　　2.4.3　TCL：另辟蹊径，开创半导体新赛道 …………………… 034

第 3 章　发展图景：把握碳中和前进方向 ……………………………… 036

3.1　解读碳中和的发展重心 …………………………………………… 036
　　　3.1.1　能源消费端低碳转型 ……………………………………… 036
　　　3.1.2　高能耗行业进行高质量供给侧改革 ……………………… 038

3.1.3 大力发展低碳新材料 ·········· 039
3.1.4 绿色投资 ·········· 040
3.2 碳中和催生四大领域 ·········· 041
3.2.1 生态修复 ·········· 042
3.2.2 环境权益开发 ·········· 043
3.2.3 碳排放分析与核算 ·········· 043
3.2.4 碳管理业务咨询 ·········· 045
3.3 碳中和时代的社会新秩序 ·········· 046
3.3.1 政府：为碳中和保驾护航 ·········· 046
3.3.2 企业：积极转型，助力绿色生态 ·········· 048

路径篇　探索碳中和成功之道

第4章　新能源替代：发展与安全并重 ·········· 051
4.1 碳中和引爆新一轮能源革命 ·········· 051
4.1.1 能源革命背后的机遇与挑战 ·········· 051
4.1.2 严格控制化石能源消费 ·········· 053
4.1.3 创新能源结构：多元化能源体系 ·········· 054
4.2 低碳时代，清洁能源崛起 ·········· 055
4.2.1 风能：为碳中和保驾护航 ·········· 055
4.2.2 氢能：碳中和的绝佳"搭档" ·········· 056
4.2.3 核能：安全是第一位的 ·········· 058
4.2.4 太阳能：让碳中和的未来更光明 ·········· 059
4.2.5 地热能：感受地球深处的力量 ·········· 060
4.2.6 生物质能：全程良性循环 ·········· 061

4.3 打造能源互联网 ·· 062

4.3.1 何谓能源互联网 ······································· 062
4.3.2 发展能源互联网的可行性 ··························· 064
4.3.3 能源互联网的发展趋势 ··························· 065

第 5 章 碳汇体系建设：提升碳中和效能 ············ 068

5.1 揭秘碳汇 ·· 068
5.1.1 思考：碳汇究竟是什么 ·························· 068
5.1.2 碳汇存在哪些亟待解决的问题 ················ 070

5.2 碳汇有哪些类型 ·· 071
5.2.1 森林碳汇 ··· 071
5.2.2 草原碳汇 ··· 073
5.2.3 海洋碳汇 ··· 073
5.2.4 耕地碳汇 ··· 075

5.3 碳中和背景下的碳汇交易 ································· 076
5.3.1 碳交易与碳汇交易 ·································· 076
5.3.2 碳汇交易的实现流程 ······························· 077
5.3.3 广东湛江开发首个蓝碳交易项目 ············ 078

第 6 章 碳捕集、利用与封存：突破商业化限制 ········ 080

6.1 CCUS 是走向碳中和的重要环节 ······················· 080
6.1.1 何谓 CCUS ·· 080
6.1.2 关于"U"的碳利用方案 ··························· 082
6.1.3 中国石化集团：打造百万吨级 CCUS 项目 ········ 083

6.2 关键点分析：CCUS 的核心要素 ······················· 084
6.2.1 碳捕集：成本占比最高 ··························· 084

	6.2.2	碳运输：大规模运输设施建设 ·············· 086
	6.2.3	碳利用：亟待突破的技术难点 ·············· 087
	6.2.4	碳封存：陆上咸水层封存已经实现 ·············· 088
6.3	CCUS 战略规划正当时 ·············· 089
	6.3.1	现状分析：蕴藏极大发展潜力 ·············· 089
	6.3.2	发展瓶颈：成本、二氧化碳销售及盈利模式 ·············· 091
	6.3.3	竞争格局：国外企业发展较快 ·············· 091

第 7 章　碳市场布局：用资本助力碳中和 ·············· 093

7.1	关于碳市场的核心问题 ·············· 093
	7.1.1 为什么需要碳市场 ·············· 094
	7.1.2 如何打造一个碳市场 ·············· 095
	7.1.3 资本在碳市场中有何作用 ·············· 096
7.2	建设碳市场的两大关键点 ·············· 098
	7.2.1 碳配额：节能减排是目标 ·············· 098
	7.2.2 碳定价：减排与增收双赢 ·············· 100
7.3	健全碳市场 ·············· 102
	7.3.1 碳市场现状分析 ·············· 102
	7.3.2 碳排放权是如何交易的 ·············· 104
	7.3.3 谁是碳市场的主角 ·············· 105
	7.3.4 政策保障不容忽视 ·············· 106

应用篇　碳中和创新行业格局

第 8 章　绿色制造：支柱行业低碳化 ·············· 110

8.1	现状分析：绿色制造成绩亮眼 ·············· 110

8.1.1 引爆全新的经济增长点 ································ 110
8.1.2 碳中和成为绿色制造的重要导向 ··················· 111
8.1.3 技术升级催生更高质量的绿色产品 ················ 112
8.1.4 美菱：引领绿色制造新潮流 ························ 113

8.2 不同领域的绿色制造战略 ······························ 114
8.2.1 煤炭领域：适应发展潮流，积极转型 ············ 114
8.2.2 钢铁领域：将氢能融入冶金流程 ··················· 115
8.2.3 石化领域：以脱碳为原则进行绿色生产 ········· 116

8.3 智能工业：绿色制造的终极目标 ······················· 117
8.3.1 工业互联网助力高效制造 ·························· 118
8.3.2 全流程应用工业大数据 ···························· 119
8.3.3 推动绿色化、智能化协同发展 ····················· 121

第 9 章 绿色农业：推动农业转型升级 ····················· 123

9.1 从碳中和看绿色农业的内在逻辑 ······················· 123
9.1.1 弘扬绿色农业，护航食品安全 ····················· 123
9.1.2 乡村振兴离不开绿色农业 ·························· 124
9.1.3 农业可持续发展与碳中和同路 ····················· 125
9.1.4 甘肃张掖：打造生态循环农业 ····················· 126

9.2 建设完善的绿色农业体系 ······························ 128
9.2.1 控制农业污染与增产不冲突 ························ 128
9.2.2 耕地保护：稳定数量+提高质量 ··················· 129
9.2.3 打造低碳农业产业链 ································ 130
9.2.4 湖北：研发水稻低碳丰产栽培技术 ··············· 131

9.3 农业数字化产物——农业电商 ························· 132

9.3.1　如何零基础做好农业电商 ·· 133
　　9.3.2　打造独特的农业品牌 ··· 136
　　9.3.3　进一步完善农产品流通体系 ··· 138
　　9.3.4　浙江海宁：农业电商领域的佼佼者 ··································· 139

第 10 章　绿色金融：开启金融新生态 ·· 142

10.1　绿色金融赋能碳中和 ·· 142
　　10.1.1　绿色金融有何战略意义 ··· 142
　　10.1.2　构建绿色金融体系的要素 ··· 143
　　10.1.3　金融机构需要哪些绿色金融能力 ····································· 145

10.2　发展蓝图：如何实现绿色金融 ·· 146
　　10.2.1　适当加大绿色信贷投放力度 ··· 146
　　10.2.2　以绿色金融战略定位为先导加速转型 ······························ 147
　　10.2.3　工商银行：重视绿色金融产品创新 ································· 149

10.3　主要绿色金融产品汇总 ·· 150
　　10.3.1　绿色债券可以"点绿成金" ··· 151
　　10.3.2　绿色信贷的规模不可小觑 ··· 152
　　10.3.3　绿色股票投资受欢迎 ··· 152

第 11 章　绿色建筑：低碳建筑新理念 ·· 154

11.1　绿色建筑发展按下"快进键" ·· 154
　　11.1.1　建筑行业的碳排放情况 ··· 154
　　11.1.2　如何规范与提升建筑节能标准 ··· 155
　　11.1.3　加强建筑材料环保监管 ··· 156

11.2　碳中和时代，绿色建筑如何发展 ·· 157
　　11.2.1　从源头上降低建筑能耗 ··· 157

11.2.2　鼓励企业使用装配化建筑方式 ················· 158
　　11.2.3　推广被动式超低能耗建筑 ····················· 159
11.3　应对绿色建筑：各方齐发力 ··························· 161
　　11.3.1　深圳：颁布建筑行业首份绿色质造公约 ········· 161
　　11.3.2　北京：打造国内首个近零能耗建筑 ············· 162
　　11.3.3　远洋集团：积极弘扬碳中和理念 ··············· 163
　　11.3.4　碧桂园：做碳中和时代的绿色革命者 ··········· 164

第12章　绿色交通：低碳出行成为时尚 ······················· 167

12.1　碳中和背景下的交通行业 ····························· 167
　　12.1.1　思考：交通能源消耗为什么持续增长 ··········· 167
　　12.1.2　交通碳中和面临的三大问题 ··················· 168
　　12.1.3　实现道路净零排放的方法 ····················· 170
12.2　面对碳中和，交通行业如何出招 ······················· 171
　　12.2.1　加速推动交通结构优化 ······················· 171
　　12.2.2　进一步提升公共出行体验 ····················· 172
　　12.2.3　引进技术，助力轨道交通数字化 ··············· 173
　　12.2.4　国家力量：推出强有力的政策组合 ············· 173
12.3　迎接智能网联汽车新时代 ····························· 175
　　12.3.1　智能网联汽车的发展现状 ····················· 175
　　12.3.2　明确智能网联汽车标准 ······················· 176
　　12.3.3　未来，智能网联汽车领域如何创新 ············· 178
12.4　各方参与，助力碳中和目标达成 ······················· 178
　　12.4.1　重庆：打造"车-路-云"碳中和示范区 ·········· 179
　　12.4.2　腾讯：探索"碳中和+交通"模式 ··············· 179
　　12.4.3　比亚迪：助力交通行业实现零碳愿景 ··········· 180

基础篇
碳中和引领低碳革命

第1章

低碳时代：抓住碳中和机遇

为了应对世界气候变化，2020年9月，我国向世界宣布了2030年前实现"碳达峰"、2060年前实现"碳中和"的"双碳"目标。这两个目标给我国的能源体系建设带来了新机遇和新挑战，加快了传统能源结构的转型升级及能源底层技术变革，为低碳经济的发展提供了助力。

1.1 碳中和开启低碳时代

"双碳"目标的提出意味着我国进入了低碳新时代，而碳达峰、碳中和将会在经济社会中掀起一场广泛而深刻的系统性变革。

1.1.1 基础知识：什么是碳中和

说起现在环保领域的热门词汇，一定少不了"碳中和"。那么，碳中和究竟是什么？实现它有什么意义呢？

高中地理课本中出现过"干洁大气"一词，它指的是去除大气中的水汽及悬浮在其中的固态、液态微粒之后的混合气体，如图1-1所示。在干洁大气中，二氧化碳的占比约为 0.038%，虽然含量极低，但其作用非常重要。二氧化碳可以吸收地球表面释放的长波辐射热量，并把这些热量储存起来，使得地球上季节温差和昼夜温差不会太大。正因如此，地球的环境才会适宜人类繁衍生息。

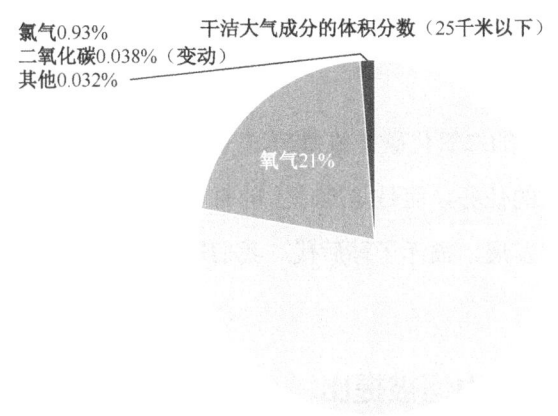

图 1-1　干洁大气

那么，大气中的二氧化碳是不是越多越好呢？答案是否定的。地球的"年龄"已接近 46 亿年，而在过去 2300 万年间，大气中的二氧化碳浓度相对稳定，在 230～350ppm（百万分比浓度）。而工业革命之后，因为人们大量使用化石燃料，大气中二氧化碳的浓度不断升高。世界气象组织于 2021 年发布的相关数据显示，大气中的二氧化碳浓度已达到 413.2ppm，几乎是工业革命前的 1.5 倍。

大气中的二氧化碳浓度升高在潜移默化中给人类生活造成了全方位的影响。例如，全球温度不断上升，天气越来越热；多雨地区发生洪涝，而干旱地区却更加干旱；海水酸度上升，导致海洋生物死亡等。

可见，大气中的二氧化碳并不是越多越好。然而，人类的生产生活无法避免向大气中排放二氧化碳。那么，我们应如何做才能控制大气中二氧化碳的浓度呢？

想要让大气中二氧化碳的浓度不再升高,我们就要做到向大气中排放多少二氧化碳,就采取相关措施吸收多少二氧化碳,这就是碳中和。例如,我们常说的植树造林就是碳中和的手段之一。一般来说,每1万平方米森林每天可以吸收约1000千克二氧化碳,相当于135辆百公里油耗7升的汽车跑40公里排放的二氧化碳量。

目前,全球每年的二氧化碳排放量超过300亿吨,实现碳中和已迫在眉睫。碳中和不是某些人的任务,而是与地球上的每个人都息息相关。为了使我们生存的环境能可持续发展,福泽子孙后代,我们需要共同参与,为实现碳中和这一目标努力。

1.1.2　碳中和为何被提出

碳中和为什么会被提出,需要从3个层面来分析,如图1-2所示。

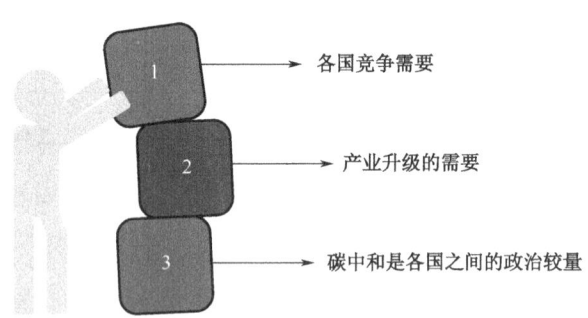

图1-2　碳中和为何会被提出

1. 各国竞争需要

目前,我国的经济发展开始从注重"量"向注重"质"转变。我国是世界第二大经济体,是世界上为数不多可以实现经济正增长的国家。就目前的成绩而言,我国对经济发展的需求不能只停留在看重数字的阶段,而要抓住全球性机遇,实现产业结构转型升级,在下一阶段的全球竞争中占据主动地位。而碳中和正是一个经济发展爆点。

2. 产业升级的需要

目前，交通运输、建筑制造及电力供热是我国的 3 个碳排放"大户"，占比分别为 10%、28%及 51%。

我国想要实现碳中和，就需要找准痛点，进行产业升级。在电力供热上，可以用风、水、光、核等清洁能源代替火力发电。在建筑制造上，可以推广使用低碳原材料，如铝合金材料等，从源头减少化石能源的使用，降低能耗。在交通运输上，可以推广新能源汽车并配备完善的新能源产业链。

3. 碳中和是各国之间的政治较量

现阶段，很多国家都提出了关于"碳"的规划部署。显然，碳中和已经是各国之间的一场博弈和较量，关系着各国在下一阶段竞争中的话语权。我国提出碳中和目标，为我国在这场竞争中赢得了更多话语权。正因如此，我们要利用这次机会，展现我国的良好形象和发展低碳经济的决心。

1.1.3 碳达峰 vs 碳中和

我国提出要在 2030 年之前实现碳达峰目标，在 2060 年之前实现碳中和目标。那么，碳达峰和碳中和有什么区别呢？

碳达峰指的是二氧化碳排放量达到历史最高值，然后经过一段平台期逐渐下降。碳达峰是二氧化碳排放量由增转降的时间拐点，实现了碳达峰，意味着碳排放与经济发展脱钩，即增加碳排放不再是经济增长的必然结果。

碳中和是碳达峰的下一阶段目标。它是指各行各业通过各种节能减排活动，抵消已产生的二氧化碳，从而实现二氧化碳零排放。

碳达峰是碳中和的基础和前提。碳达峰的最高值越低，碳中和的灵活性就越高，难度就越小。如果我国提出的"双碳"目标能够实现，就意味着我国将实现全球最大的碳排放降幅，用最短时间完成从碳达峰到碳中和的转变。

1.1.4 碳中和背景下的社会难题

现阶段，我国虽然已经具备了实现碳中和的基础条件，但从我国目前碳排放规模来看，实现碳中和仍面临着很多社会难题。

1. 速度与质量的博弈

提出"双碳"目标是我国在碳排放领域的自我施压。一般来说，碳中和伴随着国家经济和技术发展的过程，有 50～70 年的过渡期，而我国却只留了 30 年的时间。在这么短的时间内，一个有着 14 亿人口的大国实现如此大规模的社会和能源转型，可以说是人类历史上前所未有的壮举。

我国目前仍处于工业化和城市化的快速推进期，每一单位 GDP 的增长都无法避免碳排放。如果我们当下全面主攻环保减排，经济发展势必受到影响，从而拖慢现代化的进程。如今经济增长和减碳压力并存，如何用 30 年的时间走完其他国家 50～70 年的路程，对于我国来说是一场巨大的考验。

2. 能源转型技术面临重重挑战

构建低碳型工业体系是实现碳中和的必由之路。未来，许多行业都将产生不同程度的能源转型需求，例如，钢铁行业从焦炭炼钢转向氢气炼钢等。然而，实现能源转型并非易事，其技术难度非常高。

由于我国碳中和进程起步较晚，因此技术上存在着滞后性。目前，我国的各技术链条发展水平差距较大，技术成本较高，尚未达到大规模商业化的水平。因此，想要实现碳中和，我国还需要加大技术创新力度，降低减碳的技术成本，推动更多技术实现商业化。

3. 社会观念的转变

碳中和不仅是一场技术革命，更是一场认知革命。实现碳中和需要全社会共同参与，这意味着各行各业都需要投入资金进行减碳技术的研发，这很可能导致企业在短期内很难获得经济收益，进而导致整个产业链甚至消费端都要承担减碳带来的"绿色成本"。

因此，唯有全社会积极转变观念，顺应时代要求积极承担起减碳的责任，才能实现碳中和目标。

1.2 了解碳中和背后的经济原理

碳中和与经济发展息息相关，它是一个新风口，是经济市场中新的投资风向标，影响着每个人的生活。

1.2.1 人人参与的"碳账本"

目前，我国居民消费行为能耗约占能源消费总量的一半。可见，想要实现碳达峰、碳中和目标，消费端的减碳也非常重要。企业需要从这一点出发，引导人们选择绿色消费方式，积极践行低碳生活。

北京绿普惠网络科技有限公司（以下简称"绿普惠"）创始人陶岚曾表示，每个人生活中看似微小的减碳行为，汇总起来，将会产生巨大的效果。因此，倡导消费者选择低碳的生活方式是企业的重要责任之一。

在推动低碳生活的过程中，很多企业和地方政府联合推出了碳普惠平台，将个人低碳行为量化成数值，折算成积分发放到用户账户，以鼓励用户继续践行低碳行为。绿普惠以此为灵感，利用数字化方式，推出了"碳账本"，提高用户对减碳行为的感知度，让用户主动选择低碳生活方式。

碳账本可以记录人们每一次的低碳行为，如垃圾分类、绿色餐饮、低碳出行等。经过用户授权，用户的低碳行为还可以被同步到云平台上，帮助用户完成碳账本的量化、整合、存储等，并形成多元化的激励方案。

北京冬奥会期间，绿普惠和冬奥组委联合推出了"低碳冬奥"小程序，这就是碳账本的一个应用。公众在"低碳冬奥"小程序上记录低碳出行、旧物回收、光盘行动等低碳行为，从而获得量化积分。这个项目有270余万人参与，累计减碳约2万吨，为打造冬奥低碳遗产作出了重要贡献。

在"低碳冬奥"小程序之后，绿普惠又开发了"绿色生活季"小程序，这是一个北京个人碳账本项目。某用户使用"绿色生活季"小程序购买了一级能效的空调后，获得了购买一级能效的冰箱的100元优惠券和3000绿色积分。他用这些积分在小程序上兑换了骑行卡、优惠券等奖励，大大提高了个人的减碳热情。

碳账本是碳普惠项目发展的产物，它通过数字化技术，将公众的低碳行为量化为具体的数值，提高了公众践行低碳行为的热情。碳账本将众多低碳行动的践行者联系起来，对提高社会公众对绿色低碳的认知度，改善整体生态环境具有重要意义。

1.2.2 碳中和与经济发展可以兼顾

虽然在短时间内实现碳中和可能会让整个产业链的"绿色成本"增加，但碳中和与经济发展并非此消彼长的关系，实现碳中和并非需要牺牲经济发展。相反，碳中和可以带来技术进步和传统产业的提质增效，让经济实现可持续发展。

碳中和与经济发展完全可以实现二者兼顾、协同共赢，具体体现在以下几方面。

（1）碳中和可以对部分低效率、高耗能的产业加以约束，给现代服务业、高新技术产业及先进制造业带来巨大的发展机遇。

（2）虽然碳中和会在短期内拖慢经济增长速度，但有利于经济可持续发展，在未来获得更大的竞争力。

（3）碳中和本身就是一个潜力巨大的产业，它可以提升就业率和就业质量。据国际可再生能源署预测，到2030年，碳中和将为中国提升约0.3%的就业率。这一点最直接的体现就是可再生能源领域的就业人数将大幅提升。

除此之外，碳中和还可以推动整个经济社会综合性高质量发展。

首先，碳中和带来的能源结构的转变可以减少温室气体排放和空气污染，优化人类生存环境。我国目前的能源结构还是以原煤为主，而碳中和的实现将大力控制煤炭等化石能源消耗，同时推动太阳能、风能、生物质能等可再生能源的发展。自2005年节能减排政策推行以来，我国节能减排成效显著。与2005年相比，2020年单位GDP二氧化碳排放量下降48.4%，2021年单位GDP二氧化碳排放量比2020年降低3.8%，预计到2030年将减少80%的大气污染。

其次，碳中和的实现可以降低极端天气出现的概率，从而减少气候灾害造成的损失。麦肯锡在《应对气候变化：中国对策》中指出，受气候变暖的影响，中国将变得更加炎热和潮湿。如果放任碳排放速度按照现在的趋势增长，未来会有1000万~4500万人成为极端炎热天气的受害者，预计到2050年，年均GDP损失在1万亿~1.5万亿美元。

最后，碳中和的实现可以降低我国对国外化石能源的依赖，保护我国能源安全。目前，我国的工业生产需要大量石油，但石油生产量无法填补消费量，因此我国需要从国外进口大量石油弥补空缺。这导致我国的经济发展在一定程度上受制于石油出口国，造成了一定的能源安全风险。而碳中和主张大力发展清洁能源，降低了工业生产对石油的依赖程度，保护了能源安全，提升了生产自主性。

总而言之，碳中和并非站在经济发展的对立面，它对于优化生存环境、促进就业、产业提质增效等都具有重要的促进作用，完全可以与经济发展并行不悖。

1.2.3 "双碳"经济下的投资规划

我国提出碳达峰、碳中和的"双碳"目标，意味着"双碳"已经成为未来经济发展的一个不可逆的趋势，这个趋势大大增强了"双碳"投资的确定性。"双碳"投资具有时间长、范围广、潜力大的特点。

1. 时间长

我国提出要在2030年前实现碳达峰，在2060年前实现碳中和，这意味着一直到21世纪中叶，"双碳"项目都具有投资价值。

2. 范围广

目前，与"双碳"相关的产业大多处于萌芽期，而且随着减碳技术的进步及成本的降低，会有更多产业进入"双碳"赛道，从而扩大投资范围。例如，原来光伏发电的成本远高于火力发电，只有经过国家大幅补贴后才能实现盈利，而现在光伏发电已实现平价上网，部分地区的光伏发电成本甚至低火力发电。光伏技术的进步降低了成本，产生了规模经济效应，从而吸引了更多资本进入，实现了光伏产业大发展。

3. 潜力大

在推动"双碳"目标实现的过程中会产生一些新问题，这些问题会促进新产业的形成，然后新产业又产生新问题，再激发新产业，如此循环往复，新产业和新业态层出不穷。可以说，"双碳"背景下的每个产业都具有巨大的投资潜力。例如，现在的新能源汽车都使用锂电池，而锂电池属于液态电池，因此新能源汽车的安全问题一直广受诟病。而解决这个问题需要研发固态电池，目前很多企业就开始布局固态电池领域，这就是一个投资方向。

碳中和的实现需要大量资金的支持，而这需要资本和金融的引导，包括金融投资政策、国家财税政策的支持。只有企业算清减碳的投资与回报的那笔账，才能逐渐形成可持续的投融资环境。

1.3　碳中和现状：挑战与机遇并存

目前，我们不能明确全领域推进碳中和会给经济和社会带来什么影响。但是，一个新事物的出现往往都是挑战与机遇并存，全球减碳的号角已经吹响了，我们要坚定信心，抓住机遇，迎接挑战，争取早日在碳中和领域做出成绩。

1.3.1　碳中和面临的四大挑战

对于实现碳中和，尽管各国面临的挑战各异，但大体都与技术和资源，资金、资本和市场，政治和社会，以及国际合作4个方面有关。

1. 技术和资源挑战

想要实现碳中和，我们就必须加快清洁能源替代化石能源的步伐。在这一变革中，清洁能源技术的开发和应用速度具有决定性意义，只有有了完善的、成熟的技术解决方案，才能实现清洁能源的大规模商业化应用甚至全领域推广。根据国际能源署的评估，预计到2070年，35%的减排量依靠的技术仍处于原型或示范阶段，40%的减排量依靠的技术尚未被开发出来。很多产业的减排技术均不成熟，包括商业汽车运输、海洋和航空运输、水泥生产等能源密集型产业。因此，技术的突破对于实现碳中和来说是一项巨大的挑战。

2. 资金、资本和市场挑战

想要实现碳中和，在能源和基础设施等领域需要大量的资金。根据国际可再生能源机构估算，要实现全球升温低于 2℃的目标，对于可再生能源领域的年均投资必须增加到 8000 亿美元。面对巨大的资金缺口，资金不足成为许多国家实现能源转型的障碍。

3. 政治和社会挑战

全面减碳是一项艰巨的任务，几乎涉及全社会和所有行业，势必面临巨大的政治和社会挑战。在实现碳中和的过程中，政府扮演着重要角色。一方面，要制定更加精细化的战略规划；另一方面，要及时回应转型中的争议问题，避免引发社会矛盾。这需要政府投入较多的政治资源。然而，并非所有政府都愿意完成这一任务，许多政府只把宣布碳中和目标当成一场"公关行动"，没有真正落实到位，而做出详细规划的政府更是少之又少。

4. 国际合作挑战

虽然目前每个国家制定的碳中和目标不同，但想要彻底实现碳中和离不开广泛的国际合作。而碳中和带给各国的压力明显大于之前的减排计划，这可能导致各国的竞争压力升高。气候变化的话语权事关国家发展前景，如果让其他国家主导，提出的标准可能与我国发展现状不符，导致出现气候权凌驾于发展权之上的局面。

1.3.2 技术进步是碳中和的最大机遇

技术进步是碳中和的最大机遇。发达国家之所以能率先实现碳达峰，并不完全是因为它们将高排放产业转移出去，也与其在环境领域的技术创新密切关系。

　　环境技术的进步解决的不仅是碳排放问题，还可以促进经济增长。纵观历史发展过程，每一次技术的革新都推动了世界格局的重塑，而那些率先开始进行技术革新的国家，都实现了经济腾飞。例如，第一次工业革命，英国率先发明蒸汽机，在纺织、钢铁、冶金等领域占得先机，加快了城镇化的步伐；第二次工业革命，美国率先发明了电力系统，随后，电动机取代了蒸汽机成为动力来源，美国也因此实现了经济腾飞，赶超英国成为全球第一大经济体；第三次工业革命，美国主导了信息技术的发展，拉开了与其他国家在科技上的差距，巩固了其超级大国的地位。

　　环境技术创新并不是某一领域的技术创新，而是通用技术创新，它的应用范围十分广泛，将对生产力的提高产生巨大作用。很多学者认为，环境技术创新将有可能像蒸汽、电力一样，成为人类历史上里程碑式的科技变革。

　　对于我国而言，环境技术创新格外重要。因为我国的能源结构呈现"缺油、富煤、少气"的特点，对进口石油有一定的依赖性。环境技术创新可以进一步提高清洁能源使用率，保护我国的能源安全。目前，我国的光伏、风电技术都有了巨大的进步，成本也大幅下降。我国在清洁能源技术、设备、制造等方面有显著优势，预计在 10 年或 20 年后，我国可能成为世界清洁能源出口国。这是我国未来发展的新机遇，对未来我国的经济结构、能源安全具有重要意义。

1.4　关于碳中和的认知误区

　　关于碳中和，当前业内还对它存在一些认知误区，例如，碳中和只是议题，与大众无关；只从能源角度谈论碳中和；植树造林可以代替减排；将碳中和看作改善气候的终点等。

1.4.1 碳中和只是议题，与大众无关

当听到碳中和的目标时，很多人可能觉得这只是一个国家的环保议题，与自己的关系不大，甚至对碳达峰、碳中和是什么都不清楚。

事实上，这是一个关于碳中和的非常大的认知误区。碳中和与每一个人的工作、生活息息相关，它的实现会在潜移默化中给大众生活带来颠覆性改变。

想要在2060年前实现碳中和，未来30多年整个社会必然会发生翻天覆地的变化。不管是日常生活、交通出行、学校教育，还是产业转型、就业环境、国际关系，社会的方方面面都将发生不同程度的变化。从前人们习惯的高碳生活方式、交通工具、传统产业等可能会彻底消失在历史长河中。

作为处在变革中的一代，我们与其被动接受变化，不如主动拥抱碳中和。实现碳中和虽然会让社会经历阵痛，但更多的是带来新风口、新机遇。我们作为社会中单独的个体，只有尽早改变观念，意识到碳中和的重要性，才能在这场变革中抓住投资、发展的机遇。

1.4.2 只从能源角度谈论碳中和

只从能源角度谈论碳中和，这也是关于碳中和的一个较为普遍的认知误区。这是因为现在关注碳中和的大多是一些能源领域的专家，这些人在谈论碳中和时大多站在电力、工业能耗、建筑能耗等角度。这导致很多人认为只要大力发展能源领域，就能实现碳中和。

虽然，能源领域的确是我国碳排放的"大户"，也是实现碳中和的重要领域，但2060年前实现碳中和的目标是实现全领域的碳中和，不是实现某一领域的碳中和，其中包括工业生产排放处理、农业排放处理及废弃物排放处理。而想要实现这些领域的全面碳中和，从当前技术水平来看，比单独在能源领域实现碳中和要困难得多。

对于实现碳中和，我们要从全局去思考，而不能只关注某一领域。除了能源领域，其他领域也要跟上步伐，积极转型，推动碳中和目标真正实现。

1.4.3 植树造林可以代替减排

植树造林是常用的实现碳中和的手段之一，这是一种基于自然的解决方案（Natural-based Solutions，NbS）。很多企业都将 NbS 列入自己的碳中和计划，那么，NbS 是实现碳中和的"万能灵药"吗？它能代替减排吗？答案是否定的。

国际上虽然普遍认可 NbS 有助于实现碳中和，但 NbS 不是实现碳中和的最佳方案，目前还存在很大漏洞。试想，企业通过植树造林获得了碳补偿，但一场森林大火就可能导致储存在森林中的碳重新被释放出来。这时企业虽然已经尽到了减少碳排放的义务，但全球的碳排放没有因此而减少。

这说明 NbS 的固碳作用不稳定，而且通过自然生态系统从大气中吸收碳不是一蹴而就的，很难衡量种一棵树相当于减少多少碳排放。因此，植树造林不能代替减排，提高可再生能源利用率，减少对化石能源的依赖，从源头减少碳排放才是企业践行节能减排的有效方法。

1.4.4 将碳中和看作改善气候的终点

很多人将碳中和看作改善气候的终点，甚至认为实现了碳中和就不需要在保护环境上下功夫了，这是一个非常严重的误区。

碳中和远远不是改善气候的终点。放眼全球，很多企业在改善气候方面没有止步于碳中和，而是进一步追求负碳排放。例如，生物医药公司阿斯特拉捷利康宣布在 2030 年实现全产业链的负碳排放；而已经完成 100%可再生能源目标的微软，也进一步提出要在 2030 年实现负碳排放。碳中和与碳排放能够实现"正负抵消"，只是不再增加碳排放而已，而负碳排放则可以进一步减少大气中的二氧化碳，让环境质量更好。

在全球气温不断升高的背景下，很多地方的冰川出现了结构失衡的问题，冰川灾害频发。想要解决这些问题，实现环境的可持续发展，碳中和只是第一步，负碳排放才是下一步要追求的目标。

在气候变暖不断加剧的情况下，企业应做到减排更多，甚至实现负排放。只有这样，才有可能实现全球升温不超过2℃的目标。

第2章

战略规划：加速碳中和进程

根据我国提出的"双碳"目标，从碳达峰到碳中和的时间只有 30 年，远低于其他国家 50～70 年的过渡期，这意味我国实现碳中和时间更短、难度更大。因此，我们需要加强战略规划，既要考虑各行业、各地区的经济发展水平及产业与能源结构，又要考虑科学性、可行性，以加速碳中和进程。

2.1 实现碳中和的关键点

实现碳中和有 3 个关键点，分别是发挥政策的引导作用、再生资源回收，以及调整与优化产业结构。

2.1.1 发挥政策的引导作用

在实现碳中和的过程中，政策的引导作用非常重要，它有利于推动我国全社会、全领域进行低碳转型和发展。

（1）推行碳税或碳排放权交易制度，消除"绿色溢价"，为碳排放制定合理且标准的价格。收取碳排放费是非常有效的减排措施，但碳排放费的计量过程必须透明化，且要避免重复收取、计算标准不一致的情况。而这需要政府主导，大力推动，出台统一的政策和标准细则。

（2）采用超低能耗标准推动工业、建筑、交通等行业低碳转型。减排是当下各行各业的重要任务，但具体怎么减、减多少，标准是什么，还需要政策做出统一的规定。

（3）通过政策宣讲，普及低碳知识，增强全民低碳意识。碳中和的实现需要全民参与，因此，转变社会的认知和环保理念非常重要。只有每个人都意识到碳中和的重要性并积极践行，全社会才能形成节能低碳的氛围。

（4）完善能源"双控"制度（控制能源消费强度和能源消费总量），加快建立全国统一的碳交易市场，让减碳的商品和服务快速普及，从而倒逼企业进行低碳、绿色技术转型，实现产业结构升级，激发低碳技术的创新活力。

（5）加强对低碳技术创新的扶持，整合企业、科研院所和高校，建成产、学、研一体的高水平低碳技术创新平台。想要让低碳技术源源不断地迸发活力，缺少不了人才的支持，只有人才培养、技术研究、商业应用形成闭环，才能让低碳技术快速落地，推进碳中和进程。

2.1.2 再生资源回收

再生资源指的是在社会生产和生活消费的过程中，已经失去了全部或部分使用价值，但经过回收处理能够重新具有使用价值的资源，包括废旧金属、废纸、废弃塑料制品等。而想要实现碳中和的目标，提高再生资源利用率就是其中一项重要的工作。

提升再生资源利用率的方法有以下几种，如图2-1所示。

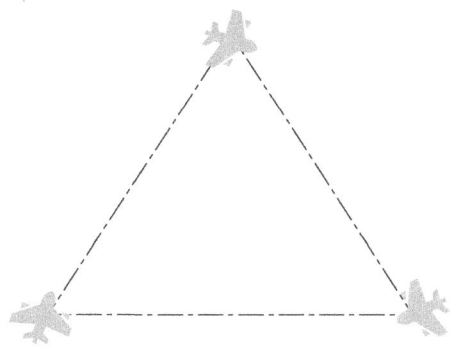

图 2-1 提升再生资源利用率的方法

1. "互联网+"运营模式,实现再生资源信息共享

运用"互联网+"的模式运营再生资源市场,可以加快信息共享,推动产业一体化、规范化、标准化发展,减少"散、乱、小"的情况。除此之外,信息化也是国家循环经济产业发展的政策要求,对于实现"双碳"目标有着重要意义。

2. 服务流程数据化,优化管理

再生资源回收流程数据化,可以将回收标准、回收价格等细化,让整个行业更加透明。另外,通过对大数据进行分析,企业也可以及时发现收购流程出现的问题,从而优化管理。不仅如此,通过手机将回收方与提供方连通,如此便捷的回收方式可以提高全社会对再生资源回收的关注度,让参与再生资源回收的人增多。

3. 细化分类,回收利用最大化

随着再生资源回收政策逐步完善,我们可以进一步细化分类,深度挖掘"城市矿山"的价值。首先，在线上建立再生资源回收平台，明确再生资源的分类，实现各种再生资源的便捷交易；其次，在线下开设不同种类再生资源的回收点和循环商店，进一步帮助大众了解不同种类再生资源的用途。

再生资源回收不是传统意义上的废品回收，它需要更完善、科学、精细化、信息化的运营管理，从而向全社会普及再生资源的种类、回收处理方式、用途等相关知识，推动全社会形成再生资源回收意识，养成再生资源回收习惯。

2.1.3 调整与优化产业结构

实现碳中和给优化产业结构带来重大机遇和挑战。我国实现碳中和的时间压力非常大，而且传统产业规模庞大，对化石能源的依赖程度高。这意味着在未来40年内，在产业结构优化方面会快速出现很多新机遇，让更多人都能参与进来。

中共中央、国务院印发的《关于完整准确全面贯彻新发展理念做好碳达峰碳中和工作的意见》（以下简称《意见》）明确了在碳中和目标下调整与优化产业结构的基本路径。

1. 推动产业结构优化升级

《意见》提出要加大第二产业的减碳力度，同时制定能源、钢铁、石化化工、建材等领域的碳达峰实施方案，加快传统产业转型。除此之外，要以节能降碳为导向，修订产业结构调整指导目录，提高减碳标准。

这一系列措施可以推动低耗能、低排放产业的发展，逐步降低经济增长对碳排放的依赖。同时加快各产业的数字化转型进程，让互联网、人工智能、绿色制造技术在各产业中落地。

2. 遏制高耗能、高排放项目盲目发展

遏制"两高"项目盲目发展是从增量上控制碳排放的根本举措。盲目发展"两高"项目不仅浪费资金、侵占土地、消耗能源，还将损害行业的可持续发展能力。

《意见》提出要对"两高"项目进行台账管理，实行分类处置和动态监控。对于新建扩建的高耗能、高排放项目，严格落实产能等量或减量置换；对于煤电、石化等项目，要加快出台控制政策；对于未纳入国家规划的新建乙烯、对二甲苯、煤制烯烃等项目，一律禁止。

3. 大力发展绿色低碳产业

加快绿色低碳产业的技术突破和产业转型是碳中和工作的主攻方向之一。首先，加快发展信息技术、生物技术、新能源、高端装备等新兴产业，提高产业链现代化水平。其次，加强太阳能、风能、氢能等新能源技术研发和应用，提高新能源生产比重。再次，加快汽车电动化、智能化进程，推动革新汽车电池，大力发展新能源汽车产业。然后，加强煤炭清洁、高效利用，壮大节能环保低碳产业。最后，推动互联网、大数据、人工智能、5G等新兴技术与绿色低碳产业的融合，让数字化、智能化、绿色化发挥叠加优势。

2.2 城市是碳中和行动的"主战场"

我国想要实现碳中和，城市减碳是关键，其中交通、建筑、废弃物处理等领域都是碳中和行动的"战场"。不同的城市需要根据自身的类型，制定相应的碳中和策略和绿色城市转型方案。

2.2.1 农业型城市：综合治理农业生态

农业型城市想要实现碳中和目标，就要实现农业领域的减排增效。农业型城市可以从农业生态的综合治理方面入手践行碳中和之路。

1. 农业生产环节的减排

农业温室气体排放的主要来源是化肥施用、大田种植、大牲畜养殖等。其中，粮食生产环节是农业碳排放的主要来源，如高耗能肥料的生产、使用等，因此农业生产环节的减排非常重要。

然而，我国农业领域的低碳化技术还不成熟，具有局限性，其有效性、经济性都尚待验证，具有较大的发展潜力。我国目前只有在农业生产中应用清洁能源（使用新能源农具）、农业废弃物的资源化利用（生物燃料）、调整生产方式（有机耕种）3种主要的农业生产减排措施。

2. 保护农业生态功能

虽然农耕、畜牧等农业生产活动造成的碳排放不容忽视，但农业本身具有"绿色"属性，如稻田属于人工湿地。因此，农业型城市想要实现碳中和，就要注意保护农业本身的生态功能。一方面，注重农业用地的综合管控，稳定生态系统，优化农业经营模式，发展绿色经济；另一方面，改良土壤质量，提高农田等人工生态系统的固碳能力。

2.2.2 工业型城市：大力发展创新绿色经济

对于工业型城市来说，碳中和应聚焦于产业升级与产业结构调整，包括：重点产业技术升级，产业结构转型；布局低碳产业，发展创新绿色经济。

1. 重点产业技术升级，产业结构转型

宁波是一个典型的工业型城市，特点是碳排放总量高，工业碳排放占比大。那么，它是如何践行碳中和的呢？

（1）以目标为导向，倒逼工业技术低碳升级。宁波将碳中和工作的重点放在了促进工业技术升级上。一方面，制定碳排放的峰值目标来倒逼行业转型升级。2020年，宁波电力、石化、钢铁等行业的碳排放总量分别控制在6580万吨、2480万吨、1100万吨以内，以此倒逼电力行业规范煤电厂，以及钢铁行业调整产品结构等。另一方面，进行新技术研究，推动工业领域节能改造。例如，"工业智慧能效管理分析云平台"等项目为多家公司提升节能率提供了解决方案。

（2）锚定优势产业，重点发力。宁波针对自身港口发达的特质，探索港口绿色发展路径。在舟山港、梅山港等港口推行清洁能源利用，包括船舶岸电供应、牵引车"一拖多挂"、网供电力替代传统柴油机等。改造后的绿色港口为宁波注入了绿色发展动力。

2. 布局低碳产业，发展创新绿色经济

深圳市龙岗区有一个深圳国际低碳城，是中欧可持续城镇化合作项目。深圳国际低碳城聚集了一批节能环保等领域的企业，是深圳发展绿色低碳的代表性区域之一。

（1）超前布局低碳产业，调整产业结构。深圳国际低碳城成功的秘诀在于从规划之初就以布局低碳产业为发展核心。深圳国际低碳城的前身是深圳高桥工业园，那时园区内的产业大多为低端制造业。2010年，龙岗区全面推进产业结构优化升级，提升产业水平和行业准入门槛。

截至2022年7月，深圳国际低碳城有规模以上企业314家，其中有245家高新技术企业，有14家上市企业。例如，入驻其中的朗坤环境集团就是我国

有机废弃物处理、垃圾分类后端综合处理行业的"领头羊"。

（2）以低碳技术打造低碳空间。在深圳国际低碳城中，各种低碳技术几乎"随处可见"。首先，园区进行了绿色建筑标准的低碳改造，例如，园区内的"低碳乐城"酒店就由闲置建筑改造而来，现已获得绿色建筑二星评定。其次，园区内的很多细节处都应用了低碳技术，例如，路灯采用风光互补、太阳能灯，建筑上采用光伏发电组件等。

（3）让有关绿色低碳的讨论"与我有关"。深圳国际低碳城还积极举办技术交流会、论坛等，开展对外合作，提升项目在国际上的影响力。各种论坛、交流会、创意大赛的召开，让深圳国际低碳城成为集技术研发、企业孵化、低碳文化科普中心于一体的创新绿色示范基地。

2.2.3 综合型城市：低碳设计，打造宜居环境

综合型城市一般发展水平高，有较强的经济实力，在行业减排降碳方面已经取得了不错的成果。这类城市可以将工作重点放在城市碳中和上，具体可以采取以下措施。

1. 借助城市设计手段，构建低碳空间

有些人认为，在碳中和的影响下，城市形态会发生翻天覆地的变化。其实，这种想法失之偏颇。城市是为人而建的，无论是早期的文明城市规划、绿色城市规划，还是现在的碳中和城市规划，都是在追求可持续发展，目的都是造福广大居民，让他们受惠。

在设计方面，文明城市规划、绿色城市规划、碳中和城市规划是一脉相承的，其设计理念和设计方案从本质上来说没有很大区别。只不过碳中和的目标对人均碳排放量和整体碳排放强度提出了更高的要求，催生了包括"产城融合""职住平衡""街区密路网"等在内的新型设计策略，从而更好、更快地推动城

市实现碳中和目标。

中新天津生态城就是一个典型的碳中和城市案例,其在绿色低碳方面的设计策略非常值得其他城市学习。最初的中新天津生态城有很多盐田、盐碱荒地(如图 2-2 所示),而如今在生态优先原则的指导下,其构建了"湖水—河流—湿地—绿地"复合生态系统(如图 2-3 所示),形成了自然生态与人工生态有机结合的生态格局。

图 2-2 中新天津生态城的原始地貌

图 2-3 "湖水－河流－湿地－绿地"复合生态系统

那么，为了推动碳中和目标的实现，中新天津生态城具体是如何进行城市设计的呢？

（1）中新天津生态城规划了三级居住体系，建设了长12千米、宽50～80米的生态主轴，不允许私家车驶入其中，只能运行轻轨系统、动力巴士，实现低碳出行。

（2）中新天津生态城依托运河体系，打造了贯穿于各住宅区之间，可以连接公园与海洋的生态走廊，并开发综合项目，用地模式紧凑。

（3）中新天津生态城制定了清晰、可量化的综合指标体系，以便全程监测并衡量自身可持续发展情况，维持生态环境健康，如表2-1所示。

表2-1　综合指标体系

生态环境健康		社会和谐进步		经济蓬勃高效
100%直饮水	自然湿地零损失	垃圾回收利用率不低于60%	100%无障碍通行	可再生能源利用率不低于20%
每单位GDP碳排放强度不大于150吨-C/百万美元	功能区噪声达标率达到100%	日人均生活耗水量不多于120升	日人均垃圾产生量不多于0.8千克	每万劳动力中研发科学家和工程师全时当量不小于50人年
区内环境空气质量达到二级标准	区内地表水环境质量达到现行标准Ⅳ类水体水质要求	公屋占本区住宅总量的比例不低于20%	步行500米范围内设有免费的文体休闲设施	非传统水源利用率不低于50%
本地植物指数不低于70%	人均公共绿地面积不小于12平方米	100%垃圾无害化处理	市政管网普及率达到100%	就业住房平衡指数不低于50%
100%绿色建筑		绿色出行率不低于90%		

2．使用低碳技术，构建城市有机整体

现在是技术发达的时代，打造碳中和城市也需要使用低碳技术，从而综合调动各生态系统的能力，使其成为一个可持续发展的有机整体，引领低碳风尚。

例如，斯德哥尔摩有一个非常知名的生态城——哈马碧，该生态城被认为是走在碳中和时代前列的典型案例。

在城市规划方面，哈马碧坚持一体化建设，使用垃圾处理、自然资源再利用等技术，构建完善的生态系统。此外，针对住宅等建筑，哈马碧使用了很多低碳技术，如太阳能收集技术，并在建筑顶层安装了具有节能作用的燃料电池设备等。

如今，对于哈马碧的居民来说，绿色低碳已经成为一种非常受欢迎的生活理念，而哈马碧也会引导居民主动选择环保的生活方式。例如，哈马碧的很多建筑上都配备了与节水系统相连的雨水收集管道，节水系统又与电热厂相连，生产出的热力用于供暖和加热，如图 2-4 所示。

图 2-4　哈马碧的雨水收集管道

为了顺应时代发展，斯德哥尔摩提出了"2040年实现碳中和"的目标。在该目标的指引下，哈马碧制订了"哈马碧2.0"计划，希望在广泛使用低碳技术的同时，激发居民的参与热情，让居民践行绿色生活方式，打造碳中和示范区。

实现碳中和的首要原则是低碳、绿色、减排，在此基础上，不同城市的碳中和策略应该有所区别。各类城市应该根据自身主导行业和实际发展情况设计方案，做到"对症下药"，在全域范围内形成低碳风尚，打造高品质、宜居的绿色城市。

2.3 个人可以为实现碳中和目标做什么

碳中和的实现与每个人都有着密不可分的关系，因此个人在日常生活中也可以做一些事，如少开车、少点外卖、节约用纸等，从一点一滴做起，切实保护环境，减少二氧化碳排放。

2.3.1 尽量选择低碳饮食，杜绝浪费

随着碳中和上升为国家战略，绿色可持续发展成为各行各业都在谈论的一个话题。碳中和不只与能源、汽车等高能耗产业相关，它还与和大众息息相关的食品行业有关。食品行业的碳中和与食品中的营养成分无关，而是指食品从生产、分销、使用一直到废弃处置的每一个阶段涉及的二氧化碳等温室气体的排放。

一般来说，素食产生的碳排放量在相同的情况下远少于肉食。这是因为动物在生长过程中对食物的利用率较低，并且会排放甲烷类气体。另外，不同种类的肉产生的碳排放量也不同，例如，牛肉和羊肉产生的碳排放量是同重量鸡肉、猪肉的4倍。对于成年人来说，纯素食和蛋奶素食食谱产生的人均碳排放

量分别是正常杂食食谱的59%和65%。根据相关机构测算，仅通过改善饮食结构就可以在一年中降低碳排放量6621万吨。

因此，在保证营养均衡、饮食健康的前提下，人们可以通过多吃蔬菜、适量吃畜禽肉、少吃红肉来减少碳排放量。而且这样的饮食结构更有益于身体健康，有研究表明，蛋奶素食和纯素食更能降低患肥胖症和缺血性心脏病的风险，还可以延长预期寿命。

除个人习惯的养成和政府的宣传引导外，推动膳食结构改善还要求食品加工工艺及时创新，将素食做出更美味的口感，淡化膳食结构改变给人们的口味带来的不适感。例如，人造肉龙头品牌Beyond Meat致力于制造有肉类产品口感和味道的食物，产品包括人造牛肉、炸鸡、香肠等，广受市场欢迎。

除调整膳食结构外，杜绝食物浪费也是实现碳中和的重要手段。我国目前消费端食物浪费严重，其中宴请聚餐是"重灾区"。中国社会科学院指出，我国每年在餐饮上的浪费高达4000万~5000万吨，相当于粮食生产量的6.0%~7.5%。

此外，从餐馆规模来看，大型餐馆浪费的食物更多，平均每餐每人浪费132克，高出平均水平93克。食物的巨大浪费意味着生产这些食物所造成的碳排放都被无端释放，丝毫没有对人们的生产生活作出贡献。

因此，我们在日常生活中最容易做到的实现碳中和的方法就是减少浪费，这样不仅可以降低农业养殖产生的碳排放，还可以减少食品腐烂排放的温室气体。除饮食方面的浪费外，日用品、服装等也要经过规划后再购买，日常生活节约一小步，减碳的步伐就能前进一大步。

2.3.2　增强环保意识，做到绿色消费

随着人们的环保意识增强，人们的消费模式也将更贴近碳中和的目标。绿色低碳消费是经济终端减少碳排放的关键手段。随着经济发展和人们生活水平

的提高，消费领域的碳排放会逐渐增加。自 2006 年以来，我国一直是全球碳排放的最大来源地。2019 年，我国碳排放总量占全球碳排放总量的 28%，相当于欧盟、美国和印度的总和。在此背景下，我国提出了"双碳"目标。

想要做到绿色消费，人们需要在衣、食、住、行等方面改变自己的消费行为。

1. 衣

我国每年约有 2600 万吨废旧衣服，重复利用率不足 1%。对此，可以通过衣物回收、捐赠、二手交易等方式来扩大废旧衣服的利用空间，提升其利用率。

2. 食

每浪费 0.5 千克食物就会排放 0.5 千克二氧化碳，因此，节约粮食、践行光盘行动是减少碳排放的重要方法。

除此之外，减少外卖包装对于减少碳排放也非常重要。外卖行业的迅速扩张带来了严重的白色污染问题，美团外卖的调研数据表明，外卖餐盒和包装袋 80% 使用的是塑料材质，其中聚丙烯和聚乙烯等材质使用最为广泛。目前，我国对废弃包装袋的回收链路尚不完善，而聚丙烯和聚乙烯等材质的塑料袋在填埋或焚烧过程中会产生大量碳排放，对环境造成非常严重的污染。因此，我们在日常购物的时候可以重复使用包装袋，或者少使用一次性用品，多使用耐用品，减少碳排放。

3. 住

低碳城市、绿色家居是未来的大势所趋。我们可以在日常生活中减少对高耗能家电的使用，并且养成随手关灯的好习惯，以节约能源。

4. 行

新能源汽车与共享单车逐渐成为城市街头的"标配"。随着技术的改进和政策的支持，越来越多的人选择购买新能源汽车代步出行，这大大减少了传统汽车尾气对环境的污染。除此之外，城市中随处可见的共享单车不仅方便了人们的出行，缓解了城市交通拥堵的状况，还有效助力碳中和目标的实现。

我们改变一些生活中的消费小习惯，不仅是在支持环保，更是在保护人类共同的未来。

2.3.3 绿色家居：低碳家居与家电

家电作为居民能源消耗的第二大来源，产生的碳排放量占比高达30%。在碳中和的大背景下，家电行业节能减排势在必行。

在碳达峰、碳中和行动中，企业是重要主体。多数家电企业应对碳中和的做法几乎是一致的，即从生产源头上下功夫，自我升级和优化。不少家电企业进行大量投入，研发降低能耗的新技术，多元化布局产业链，从绿色生产工艺入手实现超低排放，从产品设计方面入手降低产品本身的能耗。

例如，美的掌握了制冷等领域的关键核心技术，应用了许多创新型、节能环保型技术，以实现碳中和目标；格力在全国建立了六大再生资源基地，业务从上游生产端覆盖到下游回收端，实现了绿色、循环、可持续发展。

想要实现碳中和，家电行业就要应用数字化、5G、人工智能等创新技术，制定更加高效的定制化系统解决方案。例如，空调、冰箱都是耗电"大户"，传统的1匹家用空调夏日晚间持续开机耗电7~8度，而可以智能控温的新型空调比传统空调节约一半的电能。可以预见，随着碳中和目标的普及，未来会有更多的人使用智能空调、智能冰箱等，低碳家电产品将成为新风尚。不仅如此，随着供暖、制冷、照明、烹饪等实现电气化，更多的节能减排的智能家居产品将进入市场，甚至会出现电力自发自用的产品。

格力在绿色家居系统解决方案上持续发力，其"零碳健康家"计划应用光伏技术推出健康产品，包括能源、空气、健康、安防和光照等系统，帮助消费者打造智能家居。

碳中和目标的提出，让很多企业开始构建发展战略，布局绿色智能家居。未来，传统家居可能会逐渐退出历史舞台，兼顾高效节能与健康舒适的绿色智能家居将进入人们的生活，绿色生活将成为现实。

2.4 资本助力：企业纷纷布局碳中和

随着碳中和热度的提升，很多企业开始针对碳中和提出发展规划。例如，合斯康与我国共享氢能技术；联想打造绿色产品，推动循环经济发展；TCL则另辟蹊径，开辟半导体新赛道。

2.4.1 合斯康：与我国共享氢能技术

氢能的应用对实现碳中和有着重要作用。在"十四五"规划纲要中，氢能被列为未来产业之一，目前已有超过30个省市（区）发布了支持氢能产业的专项政策。可以说，我国的氢能产业正在快速发展，其市场蕴含了广阔的机遇和前景。

合斯康是全球领先的Ⅳ型储氢瓶制造商，它在2021年中国国际进口博览会上展示了世界级的储氢瓶及供氢系统技术，并讲解了该技术如何促进燃料电池汽车在中国的发展。

Ⅳ型储氢瓶质量轻、循环寿命长、全生命周期成本低，业界普遍认为它可以成为推动燃料电池汽车普及的革命性技术。合斯康有着超过40年的储氢瓶制造经验，曾为欧洲、北美、韩国、印度等市场提供成熟的供氢系统解决方案，如今正式进入我国市场，将助力我国交通运输业更快地实现转型。

2021年3月2日，合斯康与我国能源设备制造商中集安瑞科签署了企业合作协议，业务包括燃料电池汽车的气瓶和存储系统制造，以及氢气分销等。合斯康在Ⅳ型储氢瓶和供氢系统技术方面拥有丰富的经验，而中集安瑞科在Ⅰ、Ⅱ、Ⅲ型氢气瓶和液体气体存储方面有丰富的经验，并与大型整车厂和气体分销公司长期保持合作关系。二者的强强联合必然能推动我国的氢气产业实现进一步发展。

2.4.2 联想：打造绿色产品，推动循环经济发展

联想实现碳中和的切入点是产品制造和供应链。联想通过打造环保的绿色产品、回收利用电子废弃物、创新绿色技术等方式降低碳排放量，推动循环经济发展。此外，联想还通过绿色制造、绿色供应链体系带动整个产业链实现低碳转型。

在绿色材料方面，联想在台式机、笔记本电脑、显示器等产品上应用废旧塑料再生技术，减少碳排放约6万吨。在绿色包装方面，联想应用可降解竹及甘蔗纤维包装等技术，减少包装材料消耗3100吨。在绿色能源方面，联想在合肥工厂建造了太阳能光伏项目，通过光伏建设、水蓄冷改造及锅炉低碳改造等绿色工程，累计减少碳排放6284吨。

除此之外，联想还在生产环节上进行了技术创新。联想在电脑生产制造过程中推广使用了低温锡膏技术，解决了电子产品制造业一直以来面临的高热量、高能量、高排放的难题。目前，低温锡膏技术实现了在个人电脑领域的大规模应用，年度减少碳排放1087吨。

另外，联想的生产调度系统通过提高生产效率、减少闲置生产线等方式，每年节约2696兆瓦时电力，减少2000多吨碳排放。这些举措带动了联想供

应链企业的整体转型，促使供应链上下游企业加大减排力度及对新能源的使用力度。

2.4.3 TCL：另辟蹊径，开创半导体新赛道

TCL 在产品设计上一直秉持着将环保理念融入产品开发的全周期的理念，产品设计采用节能降耗思路，产品研发采用节能降耗技术，通过技术创新提高产品能效，减少产品使用过程中对环境造成的不良影响。

例如，TCL 是最早研发并布局更具环保优势的 Mini LED TV 的厂商。2018 年，TCL 展出全球首台 Mini LED 背光 TV，2019 年实现量产。2020 年，Mini LED TV 全球销量占比达 90%。2021 年，TCL 又推出 TCL X12 8K Mini LED 星曜智屏，搭载第三代 Mini LED 技术。

同时，TCL 推行产业链绿色制造，构建高效、清洁、低碳、循环的绿色制造体系。TCL 通过建设绿色工厂、节能改造、可再生能源利用等方法，不断提高自身绿色制造水平。

2020 年 7 月，TCL 收购了中环半导体子公司，开创了半导体材料新赛道。

1. 投资芯片上游与多晶硅

2022 年 7 月，TCL 发布公告表示，为进一步增强与产业链合作伙伴的协同，完善半导体材料赛道布局，公司以 17.9 亿元认购鑫芯半导体 15.03 亿元注册资本。鑫芯半导体主要处于芯片上游的材料供应环节，经营范围包括半导体材料、电子材料、高纯材料及副产品的研发、制造等。TCL 的此次投资有利于其进一步把握行业战略机遇，提升在半导体材料领域的核心竞争力。

2. 旗下半导体业务增长显著

2022 年上半年，由于新能源光伏行业的持续走高，以及半导体产业结构的

转型升级,TCL 的半导体材料业务增长显著,业绩贡献占比持续提升。截至 2022 年 6 月末,TCL 光伏硅片产能提升至 109GW,成为全球单晶规模名列前茅的厂商。

发展国产半导体是大势所趋。由于 5G、新能源汽车等社会消费品的普及,半导体材料行业迎来了比较长的景气周期,行业发展势头强劲。半导体的快速发展能促使我国芯片技术实现自主可控,让更多新设备的应用成为现实,从而助力碳中和目标加速实现。

第3章

发展图景：把握碳中和前进方向

如今，一场席卷全球的经济社会变革已然开启，碳中和的航道上已经千帆竞发、百舸争流。企业想要在这一竞争中行稳致远，必须把握碳中和的正确发展方向，顺应发展大势，成为绿色低碳新领域的弄潮者。

3.1 解读碳中和的发展重心

碳中和的发展重心可以总结为4点，分别是能源消费端低碳转型、高能耗行业进行高质量供给侧改革、大力发展低碳新材料及绿色投资。

3.1.1 能源消费端低碳转型

能源领域一直是发展碳中和的重点领域，而随着能源技术的发展，能源消费端将为实现碳中和作出更大的贡献。2022年2月，《关于完善能源绿色低碳转型体制机制和政策措施的意见》（以下简称《意见》）出台，为我国在碳中和背景下的能源消费端低碳转型指明了方向。

1. 能源供需结合

长期以来,全球能源的供应端和消费端都有各自独立的体系。能源供应端主要关注能源开采、运输、加工转换等方面,而能源消费端主要关注工业生产、城乡建设等方面。随着全球碳中和工作的推进,能源供需一体化成为未来能源变革的新趋势。

《意见》提出"增强能源系统运行和资源配置效率,提高经济社会综合效益",实现供需两侧能源配置的全局最优。同时强调"绿色能源消费"是十大重点任务之一,这体现了供应端与消费端同步发力、上下游联动的能源转型思路。

2. 推动消费端多用"绿能"

我国的碳排放主要集中在能源活动、工业生产及废弃物处理3个领域。从消费端来看,想要实现绿色低碳发展,必须提高能源利用效率,使用低碳、零碳能源,从而减少自身的碳排放。

《意见》提出,在工业领域,"鼓励建设绿色用能产业园区和企业,发展工业绿色微电网,支持在自有场所开发利用清洁低碳能源,建设分布式清洁能源和智慧能源系统";在建筑领域,"完善建筑可再生能源应用标准,鼓励光伏建筑一体化应用,支持利用太阳能、地热能和生物质能等建设可再生能源建筑供能系统";在交通运输领域,"推行大容量电气化公共交通和电动、氢能、先进生物液体燃料、天然气等清洁能源交通工具,完善充换电、加氢、加气(LNG)站点布局及服务设施"。这些措施为消费端使用绿色能源提供了新思路。

3. 推动消费端供需互动

在碳中和时代,能源供应端与消费端不再是单向流动的关系,而是双向流动。供应端为消费端提供能源,而消费端也能通过改变自身行为,为供应端提供更多支撑，甚至还能变身能源生产者，自己生产能源。能源消费端从单向接收转变为"供需互动"，催生出新的商业模式，具有很大的发展空间。

《意见》提出"推动将需求侧可调节资源纳入电力电量平衡，发挥需求侧资源削峰填谷、促进电力供需平衡和适应新能源电力运行的作用"。这将为钢铁企业、充电桩企业等带来新的发展机遇，为经济发展注入新动能。

4. 推动消费端变革的新举措

《意见》对能源消费端提出了一系列新举措，进一步推动能源消费端加快转型。例如，建立绿色能源消费认证机制，公共机构应当带头使用绿色能源，支持农村能源供应基础设施建设，开展城镇建筑节能改造等。这些政策的制定和实施，将创造更加有利的市场环境，推动能源消费端的发展。

3.1.2 高能耗行业进行高质量供给侧改革

随着碳中和工作的推进，一些高耗能行业可能受到某种限制，在未来数年内触及产能"天花板"。因此，推进高质量供给侧改革是高能耗行业实现碳中和的重点任务。

1. 将效能作为改革核心衡量依据

相关部门发布的《关于强化能效约束推动重点领域节能降碳的若干意见》及《高耗能行业重点领域能效标杆水平和基准水平》中强调了各地要制订淘汰计划，明确改造升级和淘汰时限，将不合理且不能按期改造完毕的高耗能项目淘汰。

这些政策的提出及对于时限的明确要求，表明高耗能行业已经进入以效能为衡量依据的供给侧改革关键时期，企业效能的高低将会决定企业存亡。

2. 工业软件对提升效能至关重要

很多高耗能企业在管理上落后，难以进行能源的管控与分析，从而很难提升效能。而引入生产管控类工业软件则可以解决这个问题。工业软件可以采集生产设备和配套设施的能源数据，对企业能耗进行科学的监测、分析和预测，实现精细化的能源管控，从而提升企业效能。

3. 行业专业知识塑造行业高壁垒

高耗能行业大多属于流程性行业，其工艺过程是连续进行的，对设备性能的稳定性要求较高。这要求帮助高耗能行业进行技术改革的厂商需要具备专业知识。例如，宝信软件等工业软件生产商往往会先深耕一个行业，如钢铁、化工等，从而为高耗能行业提供更专业的服务。

3.1.3 大力发展低碳新材料

根据工业和信息化部给出的定义，新材料属于"先进基础材料""关键战略材料"及"前沿新材料"。它被广泛应用于新兴产业中，如光伏、风电、新能源汽车、航空航天等。随着碳中和工作的推进，新材料被应用于更多领域的生产中，成为发展的新风口。

1. 新技术与新材料交叉融合，加速创新

随着创新技术的发展，大数据、数字仿真等技术与新材料交叉融合，加快了新材料创新步伐，各种新思路、新创意、新产品层出不穷，让全球新材料产业竞争格局发生重大改变。例如，固体物理技术的突破催生了系列拓扑材料，这种材料具有固体物理材料的核心属性，可以被操纵或变形，从而生产出更智能、更快、更有弹性的电子产品。

除了更多新材料的出现，技术与材料的交叉融合也催生了一系列材料设计新方法。例如，利用数据库与大数据等技术，可以更好地把握材料成分、原子排列、环境参数等数据之间的关系，大幅缩短新材料的研发周期，降低研发成本，加速新材料的创新。

2. 绿色化、低碳化、智能化是新材料发展的新趋势

面对如今日益枯竭的资源及不断恶化的生态环境，绿色可持续发展几乎已经是人类的共识。绿色化、低碳化、智能化的新材料开始受到空前重视。

随着物联网、人工智能、新型感知技术及自动化技术的应用，制造技术正在朝着智能化的方向发展，使制造工艺能更加适应制造环境和制造过程，从而实现工艺的自动优化。工艺的优化使下一代制造装备的支撑材料可以朝着高效、高品质、节能环保和安全可靠的方向发展。

3. 新材料技术日益提升生活质量

随着新材料技术的延伸，很多与人们日常生活相关的新兴产业开始出现。例如，质子交换膜燃料电池的出现促进了新能源汽车的发展；生物医用材料降低了重大创伤的病死率，提高了人类的健康水平和生命质量。

3.1.4　绿色投资

在碳中和的大背景下，新商机不断涌现，一些企业积极探索，投资绿色产业，为自身未来的发展积蓄能量。

1. 具有更强投资拉动力

实现"双碳"目标，时间紧、任务重，这使得绿色发展更为迫切。这意味着我国即将进行一场能源结构、生产方式及消费方式的大变革，而绿色投资是这场变革的重要引擎。

根据中国证券投资基金业协会的定义，绿色投资指的是，以促进企业环境绩效、发展绿色产业及减少环境风险为目标，对能够产生环境效益、降低环境成本与风险的企业或项目进行投资的行为。

与传统投资项目相比，绿色投资项目更具投资拉动力。例如，在"双碳"目标下，能源供给和消费方式的改变将催生巨大的投资市场。据国际能源署预计，到2030年，全球每年对新能源的投资将增加到4万亿美元。除此之外，我国在清洁能源设备、电动汽车、智能制造等领域的国际竞争力也将进一步提升，而这为绿色投资提供了绝佳的历史机遇。目前，我国资本市场对绿色新能源企业都给出了较高的估值，诞生了一批市值数千亿元的企业，投资人能够获得丰厚的回报。

2. 构建绿色投资生态圈

绿色投资毫无疑问是未来几十年的重要投资领域之一，它贯穿能源供给、制造及终端消费全产业链。企业可以据此围绕产业链建立绿色投资生态圈。例如，德同资本在新能源汽车领域投资了一批在产业链中拥有较高话语权的企业，如锂矿企业九岭锂业、汽车芯片制造商赛卓电子、激光雷达企业禾赛科技等，进一步完善企业在新能源汽车领域的布局。

3.2 碳中和催生四大领域

随着碳中和工作的推进，许多新产业、新领域逐渐出现在大众视野中，如生态修复、环境权益开发、碳排放分析与核算、碳管理业务咨询等。

3.2.1 生态修复

生态修复指的是在生态学指导下，以生物修复为基础，结合各种物理或化学修复技术，实现最佳效果和最低耗费的环境修复。那么，在碳中和的背景下，生态修复是如何落地实施并实现创新发展的呢？

1. 立足自然地理格局，人与自然和谐共生

在"绿水青山就是金山银山"的生态文明思想指引下，我国的生态修复以保护优先、自然恢复为主，尊重自然地理的特性及经济社会发展规律，提升生态系统的质量和稳定性，以及对气候变化的适应性水平。

2. 规划引领，践行绿色低碳发展理念

我国的生态修复规划主要以"绿色复苏、低碳转型"为理念，严格遵守"三条控制线"，即生态保护红线、耕地和永久基本农田、城镇开发边界，倡导低碳节能产业用地转型、低碳绿色生产生活方式，减少人类活动对自然环境的影响。

3. 自然恢复为主，提升生态系统固碳能力

生态修复要寻找基于自然的解决方案，提升生态系统碳汇、固碳和适应气候等方面的潜力，用自然的力量改善人与自然的关系。例如，我国推行山水林田湖草沙系统一体化保护修复，对全域土地进行综合性低碳整治，推动荒漠化、石漠化、水土流失综合治理，提升土地的利用率及固碳能力。

4. 增强生态系统监测评估能力

生态修复还要重视技术手段的使用，攻关退化土地修复、山水林田湖草系统修复、提升生物多样性等关键技术。例如，建设集卫星遥感、激光雷达、地面站点于一体的数据监测体系,完善信息共享机制,开展生态系统长期动态监测,科学评估生态修复对碳中和的贡献。

3.2.2 环境权益开发

环境权益指的是一些可以减少温室气体排放的项目,通过一系列程序认证,量化温室气体减排量并将其形成一种可独立交易的产品。例如,一个光伏发电项目生产了1兆瓦时电,减少了0.8吨温室气体排放。这些温室气体通过一系列的程序认证后就变成了一种可交易的产品。其他企业在购买了这些减排产品后,就可以宣称自己减少了0.8吨温室气体排放。

碳中和的环境权益分为碳信用和绿证。碳信用的单位为吨,一吨碳信用表示一吨碳的减排量,它可以抵消企业的一吨碳排放。绿证的单位为张,一张绿证表示1兆瓦时再生电力属性,它可以让企业申明自己使用的1兆瓦时电力为零排放的绿色电力。这两种环境权益根据项目和注册机构的不同又可以分为许多细分品种,如表3-1所示,但同一个减排项目只允许申请一种环境权益。

表3-1 环境权益细分品种

环境权益	签发机构	属性	其他
CER	UNFCCC	温室气体减排量	—
CCER	生态环境部	温室气体减排量	—
VCU	VERRA	温室气体减排量	自愿减排市场
GS-VER	Gold Standard	温室气体减排量	自愿减排市场
国内绿证	国家可再生能源信息管理中心	清洁电力	—
I-REC	I-REC Standard	清洁电力	—
TIGRs	TIGR Registry	清洁电力	—

3.2.3 碳排放分析与核算

低碳减排是各行各业都要践行的一件事,但低碳减排有一个重要的前提,那就是准确分析与核算碳排放。那么，碳排放是如何核算的呢？

碳排放核算指的是，通过分析历史碳排放数据确定基准值，并根据未来发展计划，如产量、投资等，测算出未来碳排放潜力。碳排放的核算方法有3种，分别是排放因子法、质量平衡法、实测法。其中，排放因子法是应用最广泛、最普遍的方法。

碳排放有两种核算途径，即自上而下和自下而上。自上而下指的是国家和政府层面对碳排放的宏观测量；自下而上指的是下级单位自行核算后，将汇总统计的数据汇报给上级单位，包括企业碳排放的自测与披露，还包括地方向中央汇报碳排放等。

下面具体介绍企业是如何进行碳排放核算的。

第一步：确定企业边界。

企业应以法人企业为边界，核算边界内所有生产设施产生的温室气体排放，包括直接生产系统、辅助生产系统、职工食堂等。对于从事多种生产活动的企业还要再细分多个核算单元，便于企业更加精确地识别碳排放源。

第二步：确定排放源和气体种类。

在确定了核算边界后，第二步就是确定排放源和气体种类。企业的温室气体排放源包括三大范围。

范围1指的是，在企业实体控制范围内直接排放的温室气体，包括静止燃烧、移动燃烧或生产过程中产生的温室气体。范围2指的是，企业自用的外购电力和热力间接排放的温室气体，包括使用电力、蒸汽、制冷器等排放的温室气体。范围3指的是，企业供应链及企业上下游的生产经营活动中可能产生的所有温室气体排放，包括原材料采掘、产品运输等。

第三步：收集活动水平数据。

确定排放源和气体种类后，企业需要根据排放源将所涉及的燃料、原料等数据收集起来，形成清晰的文档。

第四步：选择和获取排放因子数据。

企业将数据整理好后，选择合适的与活动水平数据相对应的系数，量化单位活动的温室气体排放量，用于后续计算。排放因子的获取来源分为实测和默认值。实测指的是企业委托有专业资质的机构检测含碳量、碳氧化率等数据，得到排放因子；默认值指的是将相关核算指南中列出的常见化石燃料的碳氧化率、含碳量等默认值作为排放因子。

第五步：计算温室气体排放量。

在数据完整、排放因子选择合理的前提下，企业可以根据国家发展和改革委员会发布的中国"首批十个行业的企业温室气体排放核算方法与报告指南"及后续修订文件中给出的计算公式，计算出各排放源产生的温室气体排放量，最后汇总得出企业总的碳排放量。

3.2.4 碳管理业务咨询

面对碳中和带来的巨大机遇与挑战，国内众多企业都在思考如何在实现碳中和的过程中赢得先机。这一需求促进了碳管理业务咨询的发展。碳中和咨询机构通过测算碳排放与碳足迹，为企业有针对性地规划减碳路径，帮助企业实现低碳甚至零碳排放。

根据"天眼查"网络平台的相关数据，我国目前从事碳中和咨询业务的企业有30多家，其中大部分企业是在"双碳"目标提出之后成立的。另外，一些早已从事碳中和咨询业务的国际企业也在我国市场开辟了新业务。

气候行动青年联盟（CAYA）发布的《"双碳"人才洞察报告》显示，碳管理咨询业务的人才招聘需求非常大，这反映出众多企业对于低碳转型的强烈需求。碳管理咨询业务的范围很广，包括行业研究、政策咨询等，主要面向有控排需求的企业及开展相关研究的政府机构，为企业制定减碳目标，规划碳中和实现路径，为政府机构规划编制，制定政策及碳定价机制。

碳信托是一家专业的低碳咨询机构，在 2007 年参与制定了全球第一个产品碳足迹标准 PAS2050。2022 年 1 月，碳信托又推出了世界第一个产品碳标签体系，这个体系已经在全球 40 多个国家和地区的 3 万种产品中得以应用。

碳标签是指将产品碳足迹以标签的形式展示在包装上，让产品碳足迹透明化。产品碳标签有利于展示企业自身在减碳方面的努力，而且由第三方机构认证的碳标签更具说服力，能够得到消费者的广泛认可。除此之外，碳标签也能让低碳成为品牌特色，有利于品牌在国内外市场形成差异化竞争优势，从而提升整体品牌力。

随着碳中和工作的持续推进，企业会主动寻求更加科学、有效的低碳转型方案，从而推动碳管理业务咨询向专业化、系统化方向发展。

3.3 碳中和时代的社会新秩序

现有很多学科都能和碳中和发生奇妙的反应，例如，管理学和碳中和催生的碳资源管理；经济学和碳中和催生的碳交易、碳金融；法学和碳中和催生的碳中和立法、执法、司法等相关法律服务。这些新学科将对我国的经济发展、产业布局、能源转型等各方面产生影响，催生新的行业，并带来人才需求。可见，碳中和并不是简单的低碳减排，而是具有重塑社会秩序、推动时代变革的重大历史意义。

3.3.1 政府：为碳中和保驾护航

在碳中和目标实现的过程中，政府的推动作用不可小觑，政府需要多角度、全方位地为碳中和保驾护航。

1. 强化顶层设计，发挥制度优势

政府要充分发挥我国的制度优势，加快立法、完善监测、加强监管，让制度为碳中和保驾护航。首先，可以借鉴其他国家的转型经验，设立国家级碳中和基金，利用专项资金支持低碳转型，避免出现因转型而致贫等社会问题。其次，要充分发挥市场在资源配置中的决定性作用，完善全国统一用能权交易市场，建立低碳贡献补偿机制。最后，要培养公民的环保意识，面向全社会普及绿色理念，让绿色低碳成为大众的一种生活习惯。

2. 大力推进产业低碳转型

工业生产一直是碳排放的重灾区，因此推进产业低碳转型是实现碳中和的重要工作。首先，政府要加大研发投入，推动低碳技术实现突破，打造核心竞争力。其次，要淘汰落后产能，化解过剩产能，严格控制高耗能行业的产能增长。最后，要培育孵化新兴产业，如新一代信息技术、新能源、新材料等，逐步实现经济增长和碳排放的脱钩。

3. 构建清洁低碳、安全高效的能源体系

一方面，政府要推进能源体系清洁低碳发展，推动低碳能源代替高碳能源，可再生能源代替化石能源。另一方面，政府要运用物联网、大数据、云计算等新技术协调能源供需两侧，打通能源产供储销体系堵点，提升能源产业链智能化水平。

4. 立足双循环，筑牢低碳发展的经济基础

政府要立足国内国际双循环，发挥超大规模市场优势，筑牢低碳发展的经济基础。首先，立足国内大循环，推动形成低碳饮食、低碳出行、低碳家居、

低碳旅游等低碳消费领域,并提高这些领域的产品和服务的供给质量;加快构建低碳产业链集群,形成高度集聚、上下游紧密协同的新产业生态。其次,联通国内市场和国际市场,实现高水平对外开放,加快形成具有全球竞争力的完整产业链,实现国内国际双循环相互促进。

5. 因地制宜,精准推进各区域低碳发展

政府可因地制宜,针对不同地区制定不同的碳中和发展策略。首先,京津冀、长三角、粤港澳大湾区等潜力巨大的地区应加速推进城市空间结构调整,建设国际一流的营商环境,形成创新型低碳区域产业体系和区域创新共同体。其次,东西互济促进中、西部及东北地区的低碳发展,加快地区产业分工与转移融合,实现国内产业链重塑。最后,根据各地区产业结构、能源结构规划碳达峰路线图和时间表。一些比较发达的地区可以规划率先达峰,从而对发展相对落后的地区起到示范和引领作用。

3.3.2 企业:积极转型,助力绿色生态

企业是实现碳中和的重要主体。然而,目前我国企业进行绿色转型仍然面临着很多问题,影响碳中和的深入发展。

第一,企业绿色转型动力不足。实现绿色转型需要大量资金,如果企业想按照国家标准排放污水,就需要投入2~3亿元购买污染物处置设备。然而,很多企业保证自身在激烈的市场竞争中存活下来就已经费尽气力,根本无法负担绿色转型的费用。

第二,企业绿色转型模式不清晰。很多企业的绿色转型仅停留在口号上,缺少深入的思考与具体的执行方案,无法保证绿色转型切实落地实施。

第三,企业绿色转型技术能力不足。很多企业在绿色技术创新方面根基薄弱,没有相应的专业人才,数字化技术运用程度也比较低,导致企业转型难。

针对以上问题，企业可以从以下 3 个方面入手改进。

1. 提高绿色转型的主动性

在"双碳"背景下，企业的低碳发展能力决定了企业未来发展的高度。因此，企业要提高绿色转型的主动性，将绿色低碳发展理念融入企业整体战略，完善碳排放监测体系，积极开展绿色标准评价，引导企业内部员工转变观念，营造"绿色文化"氛围，将低碳融入企业运营的各个部门和项目管理的各个环节。

2. 主动探寻适合自身的转型模式

企业要处理好企业与社会、企业与自然环境及企业内部各部门的关系，探寻适合自身的绿色转型模式，实现可持续发展。首先，加强企业与政府部门的交流，寻求政策支持和法律法规方面的保障。其次，充分发挥市场的主导优势，与高校、科研院所合作，推进科技成果转化。最后，利用自身优势，改变发展结构，走出一条多元化、可持续的发展道路。

3. 利用数字化赋能绿色转型

根据《关于深化制造业与互联网融合发展的指导意见》《关于深化"互联网+先进制造业"发展工业互联网的指导意见》等指导性文件，企业利用数字化技术在绿色低碳领域形成新的经济增长点成为一大发展趋势。企业要聚焦科技创新，让数字技术赋能企业的绿色制造与管理，从而提升企业绿色低碳生产水平。

路径篇
探索碳中和成功之道

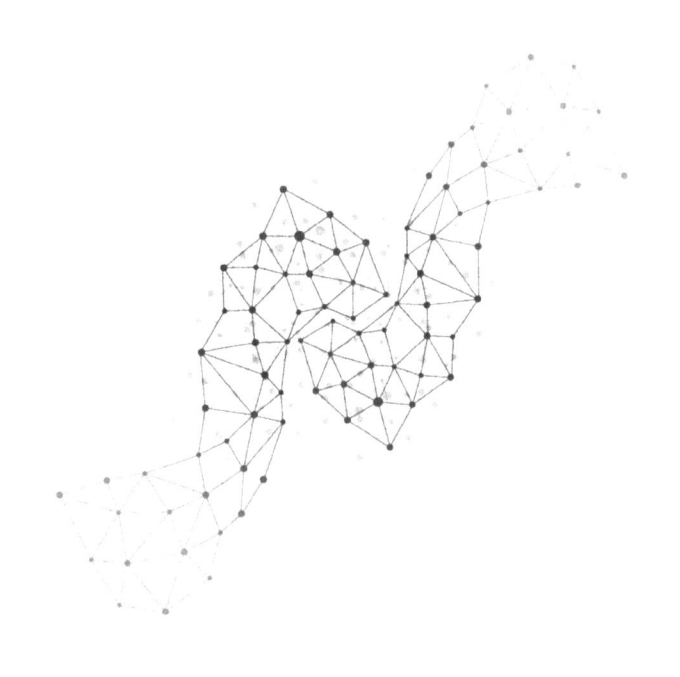

第4章

新能源替代：发展与安全并重

从工业革命开始到现在，时间已越百年。在这段时间内，能源一直推动着社会发展。如果没有能源，那么人们很可能会重新回到原始的农业文明阶段。而现在随着碳达峰和碳中和的提出，人们对能源又有了更高的要求，一些新能源应运而生，如风能、地热能等。

4.1 碳中和引爆新一轮能源革命

细数历史上的几次能源革命，几乎每一次能源革命都推动人类文件进入一个新时代。2020年9月，碳中和的提出又一次引爆新一轮能源革命，其背后隐藏着很多机遇与挑战。

4.1.1 能源革命背后的机遇与挑战

随着时代的不断进步，人们对能源的需求越来越强烈，包括二氧化碳在内的有害气体的排放量一度呈现几何级增长，对人们的身体健康、生存环境等造成了严重影响。目前以碳中和为代表的能源革命可以降低这种影响，并为我国带来诸多发展机遇。

（1）能源革命推动经济高质量发展。我国目前正处于从中等收入国家向高收入国家过渡的阶段，与发达国家相比，我国经济发展对能源消耗的依赖性更高。面对这种情况，各类企业要在保持经济增长的同时减少有害气体排放量，将经济发展与有害气体排放脱钩，推动经济高质量发展。

（2）能源革命促进产业结构调整。在能源革命的影响下，风能、氢能等新能源不断涌现，能源基础设施持续升级，从而促进能源产业快速发展。此外，碳中和概念的提出让减排增汇需求增加，并催生了碳计量、碳交易、绿色金融等新兴产业，为经济发展带来了新动力。一些专家预测，能源革命将带动近百万亿元的绿色能源投资。

（3）能源革命引领技术突破。碳中和进一步加速了能源产业转型（从"以资源和资本为主导"转型为"以技术和资本为主导"），并将引领新一轮工业革命。在这场革命中，包括量子信息技术、新材料技术在内的颠覆性技术将不断涌现，新业态、新模式将层出不穷。

（4）能源革命让国际合作机会越来越多。在能源革命时代，那些走低碳经济之路的国家将紧密合作，以此实现共赢。例如，近年来，光伏硅片、电池片、组件等产品的出口额持续攀升；外资加速进入我国新能源汽车等新消费领域。

事物都是有两面性的，能源革命在带来机遇的同时，其背后也存在着一定的挑战。

（1）产业结构重。在我国的产业结构中，能耗高、污染多的制造业占较大比重。在开展能源革命的大背景下，这些产业对能源的需求还将不断增加，从而影响环境保护进程。

（2）煤炭使用量大。在很长一段时间内，我国的能源结构都以煤炭为主，而且煤炭利用率较低。这就使得我国的碳排放强度高于世界平均水平，为能源革命带来了一定的难度。

（3）碳排放总量大。在全球范围内，我国是一个非常大的能源生产和消费国，碳排放总量达到上百亿吨，大约占全球碳排放总量的30%。相关政策要求，到2030年，我国碳排放总量要下降20%左右。这样虽然有利于尽快实现碳中和目标，但我国也面临巨大的挑战。

（4）减排曲线比较陡。从碳达峰到碳中和，欧盟预留了70年的时间，美国、日本预留了40年左右的时间，而我国预留的时间只有30年。如果用曲线描绘我国的减排过程，那会是一条很陡的曲线。这意味着我国要为实现碳中和付出更多努力。

4.1.2 严格控制化石能源消费

2021年9月，《关于完整准确全面贯彻新发展理念做好碳达峰碳中和工作的意见》（以下简称《意见》）正式出台，对碳达峰、碳中和工作做出部署。

《意见》明确指出，到2060年，绿色低碳循环发展的经济体系和清洁低碳安全高效的能源体系全面建立，能源利用效率达到国际先进水平，非化石能源消费比重达到80%以上，碳中和目标顺利实现，生态文明建设取得丰硕成果，开创人与自然和谐共生新境界。另外，《意见》还强调当下任务之一是严格控制化石能源消费，并给出了以下具体措施："统筹煤电发展和保供调峰，严控煤电装机规模，加快现役煤电机组节能升级和灵活性改造。逐步减少直至禁止煤炭散烧。加快推进页岩气、煤层气、致密油气等非常规油气资源规模化开发。强化风险管控，确保能源安全稳定供应和平稳过渡。"

在《意见》的指导下，我国绝大多数地区都实现了供暖"煤改电"或"煤改气"的目标。对于供暖产生的电负荷，我国坚持就近消纳。还有一些地区直接通过电制热锅炉把电能转化为热能储存下来，等到了冬天需要供暖时再通过热电厂的管网将其输送出去。

政策指导加上低碳意识不断深化，我国的化石能源消费总量已经在逐渐下降。与此同时，为了进一步减少化石能源消费，很多企业都在积极进行技术创新与产品研发，希望帮助整个能源产业提升非化石能源应急储备能力，保证非化石能源可以安全、稳定地供应给用户和工厂，从而使碳达峰、碳中和工作顺利开展，维护来之不易的良好环境。

4.1.3 创新能源结构：多元化能源体系

自碳中和目标正式提出以来，虽然我国的能源结构已经有了一些优化，但还没有达到尽善尽美的程度。为了更好地实现碳中和目标，弥补能源结构短板、打造多元化能源体系就成为一项非常重要的工作。这项工作需要政府、企业、消费者协作完成。

从政府的角度来看，政府提倡以清洁、低碳为导向的能源体系，要求企业对煤炭资源实行清洁高效应用。此外，政府还积极推动非化石能源消费，重视氢能、地热能等新能源的应用，并为此建立了统一、科学的产业标准和监管机制，以便统筹现代能源战略发展。

从企业的角度来看，企业要坚持技术自主可控，进一步提升创新水平。打造多元化能源体系的关键是技术，企业要把技术作为自身发展的支撑，研发能源创新平台，建立以团队为主体、能源市场为导向的技术创新机制，保证能源供应安全，掌握能源市场的主动权。

从消费者的角度来看，消费者应该高效利用能源，并在此基础上多使用低碳甚至零碳能源，这样才能使碳排放量大幅降低，为我国的碳中和事业贡献一份力量。

在碳中和目标下，作为能源生产者的政府和企业与消费者不再是能源供需的单向关系。随着能源结构变革及能源相关技术的进步，消费者将主动改变自己的行为，为能源生产者提供更多支持和帮助。在不久的将来，消费者甚至可以成为能源生产者，自己生产能源来满足自身取暖、用电等需求。这也会催生一些新的商业模式，而且这些商业模式将有广阔的发展空间。

4.2 低碳时代，清洁能源崛起

能源是现代社会发展的重要推动力。过去，我国能源生产水平较低，能源供求关系也比较紧张，但现在随着碳中和的不断发展和普及，我国能源生产水平大幅提升，风能、氢能、核能、太阳能、地热能、生物质能等清洁能源迅速崛起，加速推动低碳时代的来临。

4.2.1 风能：为碳中和保驾护航

风能是一种来自大自然、随处可见的可再生清洁能源。现在很多国家和地区都开始广泛应用风能，通过风车装置将风能转化为电能，如图4-1所示。

图4-1 通过风车装置将风能转化为电能

在碳中和的时代背景下，传统发电方式因为存在一定的问题（如环境污染等）而被人们所诟病。新兴的风力发电可以降低碳排放量，对环境几乎没有污染，有利于推动环保事业发展。风力发电是一种极具潜力的发电方式，现在已经成为我国的新兴产业之一，对实现碳中和目标很有帮助。

联合国政府间气候变化专门委员会（IPCC）提供的相关数据显示，在借助风力发电时，碳排放量为 11～12 克/千瓦时，而光伏发电的碳排放量为 48 克/千瓦时，水力发电的碳排放量为 24 克/千瓦时，天然气发电的碳排放量是 490 克/千瓦时，煤炭发电的碳排放量则高达 820 克/千瓦时。

由此可见，风力发电的清洁程度是很高的。而且依托现在的风力发电技术，风车装置只需要微风速度（大约 3m/s）就可以顺利发电。因此，虽然有时人们感受不到风，但风车装置上的发电机叶片依然在旋转。尤其在内蒙古、辽宁、陕西、山西等地区，风能蕴藏量很大，风力发电有得天独厚的优势，所以很多风电厂都兴建在这些地区。

风力发电顺应碳中和时代的发展要求，很多企业都在为风力发电贡献自己的力量。例如，施耐德电气集团凭借自己在电气领域的丰富经验和大量研发投入，打造了包括变流系统、主控系统、变桨与偏航系统、集电升压系统等产品在内的全产品体系，从而满足风电厂对能源可靠性和稳定性的需求。为了更精准地掌握客户偏好，施耐德与风电厂保持密切联系，收集风电厂对产品研发和功能改进的建议，从而进一步提升产品质量，全方位赋能风电事业。

4.2.2　氢能：碳中和的绝佳"搭档"

与风能相似，氢能也是很有价值的可再生清洁能源。在保障能源安全、优化能源结构、减少碳排放等诸多方面，氢能都可以发挥非常重要的作用。更关键的是，氢能还可以促进能源产业发展，成为推动经济增长的新引擎。

纵观整个世界，我国发展氢能的优势还是比较明显的。

（1）我国氢能原料充足，氢气产量和储备量很大。随着氯碱、焦化等行业的发展，大规模、高纯度、低成本的工业副产氢气制取变得比之前更简单。同时，我国有很多光伏发电装置和风力发电装置，可以为氢气制取提供充足的电力保障。

（2）氢能产业基础扎实，出现了一批带动作用很强的氢能企业。天眼查提供的相关数据显示，在我国，氢能全产业链规模以上企业超过 300 家，主要分布在长三角、京津冀等地区。这些企业的业务范围很广泛，涉及制氢、储运、燃料电池材料生产等领域，对氢能产业的发展有很强的促进作用。例如，华能集团是电解水制氢领域的领军企业，该企业积累了丰富的技术经验，突破了诸多技术创新瓶颈，为氢能的大规模应用奠定了良好的基础。

（3）政府重视氢能研发，并积极引导科研院所、重点高校与企业进行技术创新合作。在各类组织的努力下，我国的氢能产业在很多方面都有了突破性进展，包括氢能绿色制取、氢能安全储存、氢能便捷改质、氢能高效输配等。

（4）氢能产业面临着非常好的发展环境。2020 年以来，政府出台了很多与氢能产业相关的政策和补贴措施，以支持氢能产业发展，并以此推动氢能企业的发展。

除了我国，其他国家和地区也有相应的措施推动氢能及其相关产业发展。例如，欧盟在 2020 年 7 月制定了"氢能战略"，并投入 4700 亿欧元实施该战略，进一步加强水电解装置建设。欧盟希望该战略可以覆盖那些难以实现脱碳化的领域，同时让"绿氢"在这些领域普及。

其他国家的企业也积极开展氢相关业务。以美国的石油相关企业为例，这些企业与日本的大型汽车制造商进行战略合作，共同研发氢相关技术与产品，以满足当下社会对脱碳化的需求。未来，不同国家企业之间的合作会更加频繁，氢能的黄金时代即将来临。

4.2.3 核能：安全是第一位的

核能也被称为原子能，主要是指原子核里的核子在重新分配和组合的过程中释放出来的能量。专家通常将核子重新分配和组合的过程称为核反应。核反应可以分为两种类型，一种是核裂变反应，即较重的原子核通过分裂释放能量；另一种是核聚变反应，即较轻的原子核聚合在一起释放能量，如图 4-2 所示。

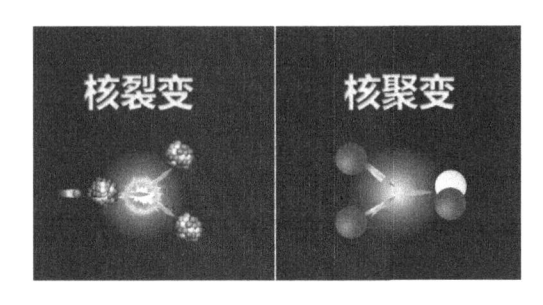

图 4-2 核裂变反应与核聚变反应

上述两种核反应对应着不同的核能，即核裂变能（如核电站、原子弹等）与核聚变能（如氢弹等）。与其他能源相比，核能的威力巨大，而且有极高的能量密度。因此，如果核能可以被安全、高效、科学地开发和利用，那就可以为社会提供巨大价值。

核能是不可再生的清洁能源，可以很好地减少二氧化硫、氮氧化物等有害物质的排放。目前核能已经与一些可再生能源融合在一起，形成了混合能源系统，满足不同用户的个性化能源需求。根据电力机构的统计数据，如果通过核能发电，那么每发 1 度电的碳排放量大约只有 10.9 克，整个发电过程是很低碳的。

核能除了可以发电，在非电力方面的应用潜力也很大。例如，核能可以用于供热领域；在海水淡化、制氢、原油开采、船舶运输、太空航天等领域，核能也可以发挥非常重要的作用。因此，综合考虑清洁性、经济性、安全性等要素，核能在全球范围内是一种必不可少的能源，将为世界各国应对气候变化和实现碳中和目标提供强大支持。

从欧盟提出碳中和开始到现在，很多国家对"低碳生活和生产"议题基本达成了一致意见，但对核能发展问题还有一定的争议。有些国家认为要放弃核能；也有些国家认为核能是重要的，应该得到广泛应用。不过从整体上来看，核能在各国的发展还是可圈可点的。未来，核能将继续保持稳健、安全的发展态势，助力各国的碳中和事业。

4.2.4 太阳能：让碳中和的未来更光明

很多专家都认为太阳能是"清洁能源之王"。国际能源机构（IEA）提供的相关数据显示，未来20年，太阳能在全球范围内的发电量将是2022年的8~13倍。

此外，新的太阳能电池板技术，加上碳中和目标的助力，太阳能产业将持续快速增长，并成为未来不可忽视的产业风口。目前发展前景广阔的太阳能产业有3类，如图4-3所示。

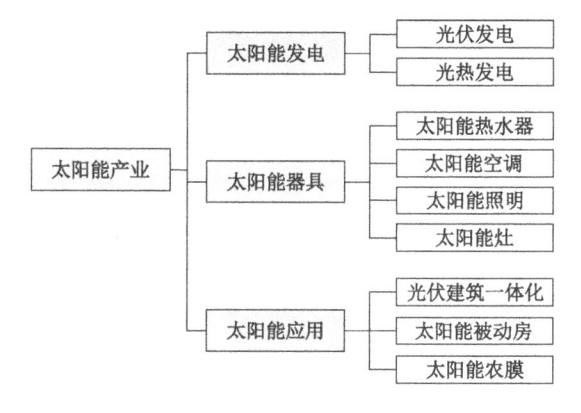

图4-3 太阳能产业

在太阳能发电领域，光伏发电的产业链已经比较成熟。目前光伏技术越来越先进，装机容量规模也在不断扩大。而光热发电技术虽然还处于起步阶段，但电能质量非常高。因此，太阳能发电领域未来可能出现这样一种情况：光伏发电与光热发电"平分秋色"。

在太阳能器具领域，中高温太阳能热水器被开发出来。另外，太阳能空调、太阳能照明、太阳能灶等产品逐渐增加了取暖、制冷、烘干、烹饪等其他功能。值得一提的是，工业太阳能热水器可以为工业制造提供相应的功能，如发酵、产品烘干、生产预热、采暖等。

在太阳能应用领域，光伏建筑一体化技术越来越先进，太阳能被动房、太阳能农膜等技术迅猛发展，形成了不同规模的产业链。目前我国正在大力推动分布式光伏的发展，希望可以实现分布式光伏与储能微电网的融合，从而进一步完善光伏发电体系。

随着太阳能光伏技术的持续进步，发电成本不断下降。这意味着太阳能将成为一种便宜、清洁、安全的高性价比能源。而且与风能、水能等能源相比，太阳能资源很丰富，也没有地域限制，可以很好地解决能源不足问题，赋能我国的碳中和之路。

在实现碳中和的过程中，太阳能和太阳能产业链将扮演非常重要的角色。以太阳能为主体的新型电力与能源体系和完善的数字化能源管理与储能体系能够给我国的碳中和之路提供助力。

4.2.5 地热能：感受地球深处的力量

地热能是清洁的可再生能源，有储量丰富、分布广、稳定、安全可靠、利用效率高、节能效果好等特征。地热能主要包含3种类型，分别是浅层地热能、水热型地热能、干热岩地热能。目前地热能的应用场景以取暖、制冷为主，这些场景在能源变革背景下很重要。对于世界各国来说，地热能都是应对气候变化、实现碳中和目标的必备能源。

为了更好地应用地热能，我国积极推动地热能产业发展。这不仅有利于调整我国的能源结构，对经济增长也有非常明显的促进作用。我国的地热能产业主要分为以下几个细分领域。

（1）地热发电是地热能产业的重要组成部分。地热发电不需要体积庞大的锅炉，也不需要消耗大量污染燃料，而只需要地热能。

（2）地热能在农业中得到了广泛应用。例如，农民可以借助温度适宜的地热水灌溉农田，让农作物尽快成熟，同时增加农作物产量；养鱼户可以使用28℃左右的地热水养鱼，从而进一步提高鱼的出产率；沼气工厂可以借助地热能提升沼气池温度，增加沼气产量；养殖机构可以借助地热能发展养殖业，包括培养菌种、养殖鳗鱼和罗氏沼虾等。

（3）地热能可以助力温泉康养产业的发展。由于地热水通常是从很深的地下提取到地上的，因此温度比较高，而且其中含有一些医疗效果很好的特殊化学元素。这就决定了地热水可以在温泉康养产业中获得很广泛的应用。例如，有些地热水可以使神经衰弱、关节炎、皮肤过敏等病症得到一定的缓解，帮助相关患者减轻痛苦，让他们变得更健康。

地热能作为一种清洁、环保的新能源，受到了政府和企业的高度重视。目前政府正在不断完善地热能管理机制，鼓励相关技术创新，统一地热能运行标准。而企业则致力于搭建地热能交易平台，为地热能的发展创造良好的环境，进一步加快对地热能的开发和应用。

政府和企业的共同助力对加强生态文明建设、实现碳中和目标有着非常重要的现实意义。

4.2.6 生物质能：全程良性循环

生物质能是直接或间接利用自然界的有机物质，如树枝、树皮、树叶、杂草、秸秆、稻壳、果皮等生产出来的能源。生物质能具有蕴藏量大、易取、挥发性高、易燃等特点，经过技术处理可以转化为电能、热能、沼气、天然气等多种能源。

以秸秆为例，农民将秸秆粉碎后投放到田地里可以增加土壤有机质含量，进一步提升田地生产力。而如果将秸秆压成颗粒状成型燃料，那么秸秆就会成为优质、清洁的工业燃料、食用菌基料等，从而进一步减少碳排放量。

"天眼查"网络平台提供的相关数据显示，目前我国有上千家生物质燃料相关企业。其中，成立时间在1~5年的企业最多，占比高达55.9%；成立5~10年的企业占比大约为26%。从注册资本来看，生物质燃料相关企业的注册资本大多少于100万元。

在碳中和的时代背景下，生物质燃料相关企业发挥了很大作用，它们让减碳去污、生态发展、低碳生活成为受到广泛关注的热门话题。另外，生物质能作为一种绿色环保的能源，还有负碳排放等生态价值，以及惠农富农、乡村振兴等社会价值，对我国碳中和目标的实现也有很大帮助。

4.3 打造能源互联网

现在世界各国都非常看重能源产业，并为推动其发展制定各种政策，如美国发布《全面能源战略》、日本出台《面向2030年能源环境创新战略》等。随着新一代技术的发展，能源产业的转型需求越来越迫切。于是，以能源互联网为代表的能源创新模式在能源产业中顺利落地。本节就讲述能源互联网相关内容。

4.3.1 何谓能源互联网

近年来，关于能源互联网的讨论热度很高，由此衍生出了对其定义的各种不同理解。美国学者杰里米·里夫金（Jeremy Rifkin）在其著作《第三次工业革命》中给出了能源互联网的定义：新能源和信息技术将深入融合，并形成一种分布式、开放、共享的能源应用体系，而这一能源应用体系就被命名为能源互联网（Energy Internet）。

试想一下，电动汽车、家用电器、智能设备都变成能源互联网的一部分，人们的能源消耗、碳排放指标都能以数据的形式被精准衡量；每个家庭都有一个能源管家，能源管家会管理人们的能源账户，并在人们下班回家时自动打开房间的灯。在能源设备智能化程度非常高的前提下，水、电、气、热等能源可以被集中控制，人们也可以灵活地参与能源交易。

发展能源互联网的目标可以总结为以下 3 个。

（1）实现能源市场化。能源互联网可以打破产业壁垒，吸引人们在能源领域创业。能源互联网将为能源交易参与者提供开放平台，连接供需双方，使能源交易更便捷、高效，达到一种多方共赢的效果，为碳中和的实现提供强大助力。

（2）实现能源共享化。有了能源互联网，各类能源的开放互联、调度优化都可以变得更迅速、便捷。这有利于能源的综合开发与共享，可以大幅提高能源利用率。

（3）实现能源绿色化。能源互联网可以实现各类能源的融合与互补，也可以及时响应市场需求，从而接入和消纳一大批高渗透率的可再生能源，推动能源绿色发展。

随着能源互联网的普及，很多新兴的能源市场受到欢迎，如新能源汽车市场、储能市场等。现在这些市场已经成为国内外企业关注的焦点，它们积极研发能源互联网平台，致力于改变能源的生产、传输、消费模式，希望尽快促进节能减排和能源可持续发展的实现。

4.3.2 发展能源互联网的可行性

在我国，能源互联网迅猛发展，目前已经成为促进能源革命的关键动力。从历史实践来看，能源革命与工业革命相伴发生，能源革命使生产力获得巨大提升。例如，煤炭的开发和利用推动了第一次工业革命，整个工业领域焕然一新；石油的开发和利用，以及内燃机和电能的出现，催生了第二次工业革命。接下来，以能源互联网为核心的第三次能源革命将引领和推动碳中和发展。

在碳中和的时代背景下，能源互联网有肥沃的落地土壤。

（1）发展能源互联网是促进经济增长的途径之一。尚普咨询提供的相关数据显示，2016—2030年，我国清洁能源及相关电网的投资将达到8200亿元/年，可以拉动GDP增长大约0.6%。而且现在能源互联网已经与物联网、人工智能等技术深度融合，有效带动了新能源汽车、智能制造等新产业的形成和发展，对优化我国的产业结构有重要作用。

（2）能源互联网可以帮助各国应对气候变化。在发展低碳经济的过程中，构建全球化能源互联网是很有必要的。能源互联网可以将安全、低碳的清洁能源整合在一起，使全球电力需求得到充分满足。IEA提供的相关数据显示，预计到2050年，清洁能源比例将超过80%。届时，全球碳排放量将被控制在115亿吨左右，全球温升将被控制在2℃以内。

（3）能源互联网将催生新型能源交易。从人们开始享受能源服务到现在，能源交易权似乎就一直掌握在少数寡头手里。但不得不承认，在经济发展比较缓慢的情况下，确实只有这些实力强大的寡头可以承担高昂的基础设施建设成本，如变电站建设成本、传输网络建设成本、大量工作人员的人力成本等。

能源互联网出现后，打造分布式能源交易体系的可能性越来越大。有了分布式能源交易体系，只要出现能源交易，智能设备就会及时上报给相关人员。而且借助能源互联网，很多能源都可以被自动控制，从而更好地保持供给与需求之间的平衡。当供给大于需求时，智能设备会将闲置能源提供给储能装置；当需求大于供给时，智能设备会自动借助储能装置中的闲置能源去解决供给不足问题。这就相当于智能设备直接控制了能源流向和储能装置，能源交易流程也被进一步简化。

综上所述，在碳中和时代，能源互联网的优势很多。因此，对于整个能源产业来说，引进能源互联网是一项非常重要且必须做好的工作。

4.3.3 能源互联网的发展趋势

能源互联网的价值不言而喻，那么其发展趋势如何呢？综合来看，未来的能源互联网将出现三大发展趋势，如图4-4所示。

图4-4 能源互联网的发展趋势

1. 可再生能源的渗透率进一步提高
2. 能源系统实现"即接即用"
3. 动态行为更加复杂多样

1. 可再生能源的渗透率进一步提高

可再生能源是来自大自然的，取之不尽、用之不竭的能源，如前面提到的太阳能、地热能等。对于能源互联网来说，可再生能源是其最关键的供应来源。因为可再生能源具有间歇性、波动性，所以其大规模接入会对能源网络的稳定性造成影响。在这种情况下，传统能源网络必须尽快完成向能源互联网的转型与升级。

此外，可再生能源还具有分散性。为了以最大的效率对其进行采集和应用，建立与碳中和时代相匹配的能源管理模式就变得非常重要。随着可再生能源的渗透率逐渐提高，能源管理模式也会进一步优化。但这种优化很可能会带来一些新的技术问题。对于科研领域与企业来讲，这些技术问题就是未来需要攻克的难关。

2. 能源系统实现"即接即用"

随着各领域协同发展战略的实施和落地，如何做好能源规划和推动区域能源系统平衡发展，就逐渐成为大多数企业重点关注的问题。能源互联网可以实现智能设备、储能装置、能源系统的自动化和智能化"即接即用"，提升能源系统的运转效率。

能源互联网的工作环境会涉及大量数据，特别是在可再生能源接入能源互联网后，不同类型的数据更多，如气象情况、用户习惯、能源储存状态等。随着高级量测技术被广泛应用，能源互联网中具有量测功能的智能终端也会变多。这些智能终端可以采集、分析大量数据，从而强化能源互联网的多源大数据特性。

3. 动态行为更加复杂多样

我们可以将能源互联网看作一个系统，该系统既可以把能源、数据与设备相结合，又可以实现物理空间、能源空间、信息空间甚至社会空间的紧密连接。除此之外，这个系统中还包含了很多复杂的动态行为，如离散动态行为、有意识行为等。

作为一个规模庞大且复杂的系统，能源互联网与传统能源网络并不相同。第一，能源互联网具有更高的开放性，形式更加多样；第二，能源互联网更加复杂，在空间和行为上表现出更强的动态性。

这些特性共同构建了能源互联网的优势。首先，能源互联网可以实现可再生能源的充分利用，满足政府的能源需求；其次，能源互联网消费市场非常广阔，可以提升企业的竞争力；最后，能源互联网不仅可以为我们提供资源，还可以实现能源的交换和共享。

能源互联网是一个让人们可以在家中、办公室中就能创造能源的系统，并且人们可以通过能源互联网将多余的能源与他人交换和分享。随着技术的发展，相信在不久的将来，能源交易也可以实现去中心化，人们可以跳过中间环节，直接进行能源交易。

第 5 章

碳汇体系建设：提升碳中和效能

碳汇作为实现碳中和目标的关键工具，受到了各国的关注，也让很多企业跃跃欲试。为了引领碳汇向正确的方向发展，打造科学、合理、完善的碳汇体系很有必要。碳汇体系可以加强各类碳汇之间的联动和共享，进一步稳定碳汇市场秩序，为我国碳中和事业添砖加瓦。

5.1 揭秘碳汇

要实现碳中和目标，除了减少碳排放量，还有一个重要措施就是提升碳汇能力，即想方设法吸收、处理更多二氧化碳的能力。

5.1.1 思考：碳汇究竟是什么

1997年，100多个国家和地区的代表在日本京都联合通过了《京都议定书》。2005年2月，《京都议定书》正式生效，"碳排放权交易制度"（简称"碳汇"）在此过程中逐渐形成。在《京都议定书》的影响下，政府、企业、民众都开始关注"碳汇"这个概念。

那么，碳汇究竟是什么？《联合国气候变化框架公约》中对碳汇进行了定义："碳汇是指从大气中清除温室气体、气溶胶或温室气体前体物（能经过化学反应生成温室气体的有机物）的过程、活动或机制。"简单来说，碳汇是森林、草原、海洋、耕地等各类载体抵消、吸收并储存碳化合物（尤其是二氧化碳）的过程、活动或机制。

在碳汇中，碳元素占据一个很重要的地位。碳元素会在生物圈、岩石圈、水圈、大气圈中交换，而且随着地球的不断运动，这个交换过程会呈现出一种循环状态，如图 5-1 所示。

图 5-1 碳元素循环

目前岩石圈是规模最大的碳库，其含碳量大约占全球总含碳量的 99%。岩石圈中的碳会受到各种化学因素的影响，被分解的碳还会进入其他圈层，影响其他圈层的含碳量。碳汇可以有效控制这个过程中的碳排放量，确保碳化合物以清洁、安全的形式返回地壳。

与岩石圈相比，大气圈、水圈的含碳量比较少，但其中的碳元素异常活跃，会在大气圈、水圈中迅速循环，并产生一定的有害物质，从而对整个地球的环境造成严重影响。因此，碳汇也需要在大气圈、水圈中广泛应用。

生物圈中的碳循环十分常见。例如，人们进行的很多社会活动会释放二氧化碳，陆地上的植物可以从大气圈中吸收部分二氧化碳，但剩余的二氧化碳还是会返回大气圈中。需要注意的是，二氧化碳一旦进入大气圈，则需要20多年才可以完全更新一次。这不仅会让大气圈承受过大的"碳压力"，还会影响其他圈层的环境。因此，生物圈同样需要碳汇。

综上所述，对于生物圈、岩石圈、水圈、大气圈来说，碳汇都是很重要的。碳汇可以减少碳排放量，并通过人为的努力和低碳意识的加强缓解各圈层的"碳压力"。这样不仅有利于各国更好地应对气候变化，还可以推动碳中和目标早日实现。

5.1.2 碳汇存在哪些亟待解决的问题

在碳中和时代，碳汇可以发挥一定的作用。但不得不承认，受现有技术水平、市场形势、产业发展等方面的制约，我国的碳汇在发展中还存在一些亟待解决的问题。

（1）我国碳汇格局还不够清晰，碳汇储量与地域分布情况尚未明朗。此外，我国对碳汇的理解程度亟待加深，现有碳汇认知难以对其发展起到很好的支撑作用。

（2）碳汇监测与评估能力亟待提升。我国与碳汇相关的技术规范、评价标准、认证体系等亟待完善，碳汇监测网络体系也尚未完全形成。例如，我国目前没有足够多的碳汇长期定位监测站，碳汇监测技术能力也需要进一步提升。

（3）固碳过程及其配套调控机制还不完善，增汇技术能力也亟待提升。

（4）碳汇相关产业的发展基础比较薄弱。海洋捕捞、油气开发、化工等传统产业在产业链中的占比很高，而低碳的海洋能开发、海洋生物医药研制等新产业的发展则不尽如人意。这就导致新产业的潜力没有被充分激发出来，从而影响碳汇体系顺利形成。

（5）现代金融虽然不断发展，但其对碳汇发展的促进作用不明显。这主要表现在两个方面：碳汇相关产业的投融资仍然处于探索阶段，全球碳汇交易机制亟待完善。

要想推动碳汇健康、持久发展，尽快找到以碳汇为基础的碳中和方案，高效、妥善地解决这些问题是当务之急。在实际操作层面上，健全碳汇体系、加强碳汇技术研究、多产业协同发展、充分利用金融杠杆、打造碳汇交易平台、建立碳汇综合实验基地和示范区、提升全民碳汇发展意识、加强碳汇教育等都是非常不错的措施。

5.2 碳汇有哪些类型

目前碳汇主要有4种类型：森林碳汇、草原碳汇、海洋碳汇、耕地碳汇。这4种碳汇的减排降碳效果是不同的，应用场景也不同。因此，各企业和机构应该根据实际情况，选择真正适合自己的碳汇类型，以最大化发挥碳汇的价值。

5.2.1 森林碳汇

森林碳汇是指森林吸收并储存二氧化碳的过程、活动或机制，可以体现森林吸收并储存二氧化碳的能力。通常来说，森林碳汇可以通过造林、提升植被覆盖率等方式达到恢复生态的目的，还可以在一定程度上缓解并解决气候变暖问题。

在经济成本方面，森林碳汇的综合成本比较低，相关方案实施起来也比较简单、方便。因此，很多国家都将森林碳汇视为改善生态环境、净化空气、应对气候变化、防止或减少向空气中排放有害气体、实现碳中和目标的有效措施。而且森林碳汇有一定的经济推动作用，例如，乡村可以通过发展森林碳汇开展生态旅游，更好地实现乡村振兴。

现在我国很多地区都着手发展森林碳汇。以山东省为例，2022年4月，山东省应对气候变化领导小组办公室发布了《山东省"十四五"应对气候变化规划》，提出未来要推动森林碳汇能力进一步提升，并修复农田、湿地碳汇，同时加快推动海洋碳汇建设，实施增汇行动。

森林碳汇是生态效益的主要表现形式，对吸收、固定大气中的二氧化碳等有害气体有很重要的作用。因为这种生态效益有比较强的外部性，所以如果没有市场机制对其进行调节，开展森林碳汇相关活动的资金可能就得不到充分保障，从而影响森林碳汇的生产和供应。

要想实现碳中和目标，推进森林碳汇发展，我国各地区可以从以下几个方面入手。

（1）建立并完善森林碳汇效益管理体系，打造公开、透明的市场环境，消除森林碳汇交易过程的未知性和无序性，确保交易者有足够的交易热情。

（2）以各地区的实际情况为依据，探索有利于森林碳汇发展的现代化服务模式，不断完善森林碳汇制度和规则，使森林碳汇相关活动在科学、高效的市场中进行。

（3）加强森林碳汇监测，打造完善的森林碳汇监测体系，持续优化和调整监测标准，及时更新监测手段和监测设备，进一步提高监测结果的可信性和科学性。

（4）建立并完善生态补偿机制，明确森林产权及森林碳汇交易的利益归属，维护交易者在交易过程中的知情权和表达权，激发其参与森林碳汇相关活动的积极性。

（5）通过线下宣讲、线上推广等方式普及森林碳汇知识，加深交易者对森林碳汇的了解及其造林固碳意识。企业应该积极参与以积累森林碳汇为目的的造林和经营活动，新闻媒介应该充分发挥舆论监督和导向作用，确保森林碳汇向健康、有序的方向发展。

5.2.2 草原碳汇

草原碳汇是草原地区应对气候变化、控制碳排放量、净化空气的重要手段，也是关乎碳中和发展的重要议题。将保护草原生态环境和发展草原碳汇融合在一起，不仅可以创新和优化草原经济发展模式，还可以推动草原地区的可持续发展。

就现阶段而言，草原碳汇还处于发展初期，但我国一些地区已经在这方面取得了不错的成绩。例如，2022年9月，青海省刚察县与龙源（北京）碳资产管理技术有限公司（以下简称"龙源公司"）正式签署了草原碳汇项目开发合作协议，携手推动刚察县草原碳汇开发。

刚察县草原资源丰富，而且聚集了濒危物种普氏原羚种群，被称为"中国普氏原羚之乡"。刚察县的草原面积达72.4万公顷，占全县总面积的88%以上。因此，刚察县有非常突出的草原碳汇优势。为了充分发挥这一优势，刚察县对退化草原进行治理，利用现有草原资源发展草原碳汇。目前刚察县已经划定了大约6.4万公顷草原用于实施草原碳汇项目。经过专业人士评估，该项目每年可以产生9万吨左右碳汇量，这是一个不小的数字。

刚察县与龙源公司合作，共同打造了青海湖北岸首个草原碳汇项目，这意味着刚察县在解决草原退化问题、推动草原碳汇增效等方面取得了很大进展。该项目不仅可以为刚察县带来一定的收入，倒逼刚察县加大草原资源监管力度，持续发展草原特色经济，还可以帮助青海湖北岸实现草原生态效益、经济效益、社会效益的"三赢"。

5.2.3 海洋碳汇

正所谓"三分陆地七分水"，在人类赖以生存的地球上，海洋占据了大部分面积。目前我国的海洋国土面积达到了299.7万平方千米，非常适合发展海洋碳汇。海洋碳汇即"蓝碳"，主要是指通过海洋活动及海洋生物吸收二氧化碳，并将二氧化碳固定、储存在海洋中的过程、活动和机制。在我国实现碳中和目标的过程中，海洋碳汇有非常重要的作用。

《蓝碳：健康海洋固碳作用的评估报告》首次提出了"蓝碳"这一概念，海洋碳汇由此进入各国视野。目前因为海洋碳汇在固碳、减碳方面有很大优势，所以我国很多地区的政府和企业都非常重视其发展，并推出了相应的措施。例如，2021年12月，上海市要求统筹推动海洋绿色低碳发展，其中比较重要的一项措施就是鼓励开展海洋碳汇相关活动。

厦门产权交易中心不断完善海洋碳汇交易体系，并在2021年7月设立了我国首个海洋碳汇交易平台。与此同时，厦门产权交易中心还与高等院校合作，携手开发海洋碳汇方案。2022年10月，厦门产权交易中心完成了南日镇云万村和岩下村的海洋碳汇交易。

2022年5月，我国成立了"海洋碳汇与生物地球化学过程基础科学中心"，该科学中心将制定更多极具可行性和实用性的海洋碳汇方案，为我国实现碳中和目标贡献力量。

2022年9月，福州（连江）碳汇交易服务平台正式上线，该平台是我国首个县级海洋碳汇交易服务平台。目前该平台已经完成福建省首笔以海洋碳汇受益权为质押的贷款。

在政府和企业的共同努力下，我国的海洋碳汇工作取得了不错的进展。但为了让海洋碳汇在实现碳中和目标方面发挥更大作用，我国还需要加强海洋环境保护，积极开展退塘还湿及海草床生态修复等活动，以便进一步扩大海洋生态系统面积，提升海洋的固碳与减碳能力。

另外需要注意的是，开展海洋碳汇基础理论研究也非常重要。无论是研究海洋增汇机理及扩增潜力，还是开发海洋负排放技术，都可以助力我国的碳中和事业。

5.2.4 耕地碳汇

耕地生态系统是一个规模很大的碳库，也是陆地碳循环的关键组成部分，有一定的碳汇作用。耕地上的作物在生长过程中可以产生光合作用，吸收大气中的二氧化碳，然后这些二氧化碳会以有机质的形式储存在耕地上，从而形成耕地碳汇。耕地碳汇可以有效降低大气中的二氧化碳浓度，保护来之不易的良好生态环境。

在开展耕地碳汇相关活动时，以下几种固碳和减碳方法是十分常用的。

（1）覆盖作物，即在耕地上种植大量作物。这种方法使每公顷耕地的固碳量增加 0.1～1 吨 / 年，而具体的固碳量与耕地的肥沃程度和相关人员的耕种与管理模式有关。

（2）农林复合经营。农林复合经营的成本比较高，但因为这一经营模式可以为耕地带来明显好处，所以非常受欢迎。使用农林复合经营，每年将有 1～5 吨碳被封存到耕地上，还有一部分碳会储存在树木中。这不仅可以改善农场的微气候，还有利于优化耕地结构，保护耕地健康。

（3）放牧管理。传统农业将牲畜和作物分离开来，不利于氮、磷等元素在生态系统中循环。放牧管理让牲畜重返农场，将牲畜变为减少碳排放量的重要工具。而且放牧管理可以改善动物健康情况，提高耕地的生产力。尚普咨询提供的相关数据显示，放牧管理每年能封存 3～10 吨碳，能很好地降低牲畜对进口饲料的依赖性。

不同地区适合的固碳和减碳方法是不同的，例如，辽宁、河南、湖南、山东等地区往往会实施免耕秸秆还田方案，而其他地区可能没有条件实施该方案。各地具体应该使用哪种方法，应该综合考虑当地的耕地管理措施、耕地集约利用水平、作物类型、农户知识水平等因素。

5.3 碳中和背景下的碳汇交易

碳中和作为当下的一个热点概念，在网上持续发酵，而且出现了很多与之相关的新名词，如碳汇交易。很多人可能并不知道碳汇交易是什么，也不知道应该如何开展碳汇交易，本节就来解决这两个问题，对碳中和背景下的碳汇交易进行详细介绍。

5.3.1 碳交易与碳汇交易

在碳中和迅猛发展的时代，碳交易和碳汇交易作为两个新概念进入大众视野。这两个概念虽然只有一字之差，但其实存在很大差异。

碳交易通常是指碳排放权交易，即把碳排放权作为一种商品进行买卖。假设 A 企业每年要排放 1000 吨碳，而为了实现碳中和目标，该企业只被允许每年排放 900 吨碳。如果超过 900 吨，该企业就要受到严重处罚，而且罚款金额通常比较大。

A 企业发现 B 企业也只被允许排放 900 吨碳，但实际上 B 企业只排放了 800 吨碳。也就是说，B 企业剩余 100 吨碳没有排放，而这 100 吨碳的排放权就可以作为商品在市场上交易。如果 A 企业想维持正常经营，就可以花钱购买 B 企业剩余的 100 吨碳的排放权。

与碳交易不同，碳汇交易是将碳排放指标转让给碳配额超出的单位，以此获取额外收入。简单来说，发达国家花钱向发展中国家购买碳排放指标的过程就是碳汇交易。碳汇交易可以通过市场机制有效补偿森林、耕地、海洋等生态系统的环境损害。

总的来说，碳交易是一个更大的概念，它包括碳汇交易，而且碳汇交易在碳交易中只占很小的比例。了解了二者之间的区别，我们可以更好地挖掘碳中和背后的经济价值，从而在交易过程中获得更丰厚的收入和效益。

5.3.2 碳汇交易的实现流程

碳汇交易的交易主体主要包括政府、企业、个体农民、林场所有者等。一般来说，发展中国家为卖方，发达国家为买方。例如，发达国家会通过投资发展中国家的碳减排项目来减少碳排放，这些减少的碳排放就可以抵消发达国家超额排放的二氧化碳量。

要了解碳汇交易，我们就应该先掌握其交易对象、生效要件、交易价格。碳汇交易的交易对象是双方承诺的碳排放指标；生效要件相当于一份普通合同，双方只要在上面签字盖章，这份合同就有法律效力；交易价格没有固定标准，一般由双方自行制定和商议。

除了上面提到的交易对象、生效要件、交易价格，碳汇交易流程也很重要。

第一类碳汇交易流程：首先，卖家提交碳汇项目；其次，卖家去国家发展和改革委员会备案并要求国家发展和改革委员会签字授权；再次，卖家将项目放到经过国家发展和改革委员会认证的碳交易所中进行交易；最后，重点碳排放单位或自愿减排组织根据自身实际情况投资或购买项目。

第二类碳汇交易流程：卖家向国家发展和改革委员会提交碳汇项目，等到项目在国家发展和改革委员会完成注册登记后，买家就可以和卖家签署购买/投资协议，并根据卖家要求支付定金或预付款。后续如果卖家再次获得相关主管部门签发的碳排放指标，那么还可以将自己富余的碳排放指标转让给买家。

碳汇交易需要交易主体的共同参与，在这个过程中，交易主体都可以获得自己需要的东西，包括经济效益、碳排放指标、良好的生态环境等。当交易主体充分意识到碳汇交易的价值并主动开展减排活动、积极履行社会责任时，碳中和目标的实现速度将更快。

5.3.3 广东湛江开发首个蓝碳交易项目

在美丽的沙滩上，一只可爱的招潮蟹顽皮地向游客挥了挥钳子，然后立刻躲进自己提前挖好的洞穴中……在广东湛江的高桥红树林保护区里，这样的场景十分常见。高桥红树林保护区是湛江开发的重要蓝碳交易项目，在减排降碳方面起到了重要作用。

高桥红树林保护区里有上万亩红树林，这些红树林由陆地延伸至海洋，看起来就像一条"绿色丝带"，将陆地与海洋连接在一起（如图 5-2 所示）。虽然这些红树林不是很粗壮，却有着"海洋绿肺"的称号，在固碳储碳、保护生物多样性等方面有巨大价值。

图 5-2 高桥红树林保护区

2021 年 4 月，高桥红树林保护区正式推出，而且通过了核证碳标准开发和管理组织 VERRA 的审核，符合核证碳标准和气候社区生物多样性标准。更重要的是，该项目还是我国开发的首个蓝碳交易项目，对我国尽快实现碳中和目标有很强的推动作用。

2021年6月，北京市企业家环保基金会与高桥红树林保护区开发方签署了协议。协议规定，北京市企业家环保基金会以66元/吨的价格购买5880吨碳减排量，用来抵消日常生产活动造成的碳排放。开发方会用所得收益对高桥红树林保护区的生态环境进行修复。

对于湛江来说，打造高桥红树林保护区有很多优势。

（1）湛江本来就有规模非常大的红树林保护区，但之前保护区的各项工作都是由政府出资完成的。当保护区成为蓝碳交易项目后，湛江就可以吸引社会资本，把销售碳减排量获得的收益用于不断改善保护区的生态环境，从而形成长效循环机制。

（2）开发蓝碳交易项目有利于帮助湛江的工业企业满足碳减排指标，推动当地工业企业向低碳环保方向发展，有效缓解重点碳排放企业的"碳压力"。

（3）高桥红树林保护区巩固了湛江"红树林之城"的地位，帮助湛江打造生态旅游、蓝碳交易等新业态，从而进一步优化了湛江的产业结构，提升其在我国的影响力。

近几年，除广东外，福建、海南、山东等地区也积极推出蓝碳交易项目，希望将海洋碳汇的生态价值充分激发出来。未来，随着企业和金融机构逐渐进入蓝碳领域，蓝碳交易项目将为我国带来更多经济和社会效益。

第6章

碳捕集、利用与封存：突破商业化限制

碳中和想要达到的是碳吸收等于碳排放的平衡状态，因此，碳吸收技术的研发对于实现碳中和非常重要，碳吸收中较为直接且有效的一项技术就是碳捕集、利用与封存技术。这项技术的减排潜力大，并且可以促进化石能源的清洁利用，符合我国国情。这项技术突破商业化限制，可以为产业绿色转型提供巨大的助力。

6.1 CCUS 是走向碳中和的重要环节

如果全球想要实现碳的零排放或碳中和，二氧化碳的捕集、利用和封存占比要达到 15%～30%。可以说，CCUS 是未来实现大规模减排的核心技术，更是我国走向碳中和的关键环节。

6.1.1 何谓 CCUS

CCUS 的英文全称是"Carbon Capture, Utilization and Storage"，即碳捕集、利用与封存（如图 6-1 所示）。CCUS 系统不仅能够推动碳减排目标的实现，还可以为政府和企业创造额外收入。有了该系统，发电或供热过程中排放的90%以上的二氧化碳都可以被捕集，然后这些二氧化碳可以应用于化学、生物、食品加工、工业等诸多领域。

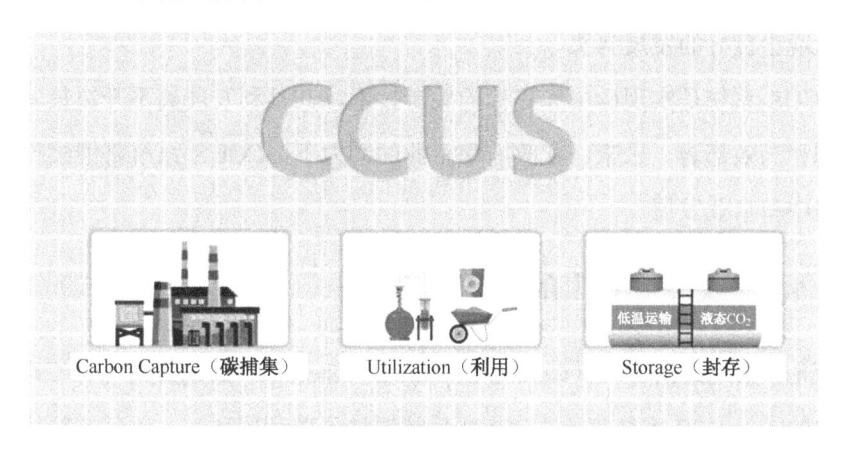

图 6-1　CCUS

（1）碳捕集。碳捕集是指将二氧化碳从大气中分离出来的过程，主要可以分为燃烧前捕集、燃烧中捕集、燃烧后捕集。

（2）碳利用。碳利用是指通过相关技术手段将捕集到的二氧化碳充分利用起来的过程。根据技术手段的不同，碳利用可以分为物理利用、化学利用、生物利用等多种类型。

（3）碳封存。碳封存是指通过相关技术手段将捕集到的二氧化碳封存到地下，从而实现二氧化碳与大气的长期隔绝。根据封存位置的不同，碳封存可以分为陆地封存和海洋封存等。

CCUS这一概念于2006年提出，目前已经被广泛接纳和推广。联合国政府间气候变化专门委员会（IPCC）、国际可再生能源机构（IRENA）等权威机构都在研究报告中指出：CCUS系统在应对气候变化、降低碳排放量、实现碳中和目标等方面很有优势。

近年来，生态环境部、国家发展和改革委员会等多个部门都十分关注 CCUS 系统，与其相关的政策也越来越完善。与此同时，随着社会的不断进步，科研机构的科研能力和水平大幅提升，CCUS 示范项目的数量持续增加，整个 CCUS 领域呈现出良好的发展势头。

CCUS 系统是实现碳中和目标的关键技术，其顺利发展离不开决策者的精准研判和高效部署。未来，在政府和企业的助力下，CCUS 系统将继续推动我国的碳中和事业发展。

6.1.2 关于"U"的碳利用方案

CCUS 系统是由 CCS（Carbon Capture and Storage，碳捕集与封存）系统发展而来的。与 CCS 系统相比，CCUS 系统增加了碳利用环节。该环节往往有相应的碳利用方案，可以把捕获到的二氧化碳转化为经济价值比较高的产品或服务，并为政府或企业带来一定的效益。在碳利用方案的指导下，碳中和发展进程将进一步加快。

目前我国的碳利用方案以二氧化碳驱油为主，即把二氧化碳注入地下油层，以达到提升油田采收率的效果。中国石油勘探开发研究院提供的数据显示，液态二氧化碳驱油剂有良好的驱油效果，通常只需要 1 吨液态二氧化碳驱油剂就可以驱出 3 吨原油。

融合了 CCUS 系统的碳利用方案能够指导相关单位将二氧化碳封存在已经废弃的油井中，这不仅有利于保护环境，还可以进一步提升原油产能。胜利油田曾经将二氧化碳注入油井，很好地增强了原油的流动性，同时通过置换油气、溶解与矿化等方式实现了碳封存。

目前碳利用方案在能源密集型产业中得到了广泛应用。以建筑产业为例，经过技术处理的二氧化碳可以变身为建筑材料上的碳酸盐涂层，还可以成为混凝土原料。这样不仅降低了碳排放量，还减少了混凝土所需的水泥量。碳利用方案的优势在于，可以直接对现存建筑设施进行改造，由此降低了建筑产业的转型成本，推动建筑产业尽快落实低碳战略。

6.1.3 中国石化集团：打造百万吨级 CCUS 项目

胜利油田是中国石化集团旗下一个重要的石油工业基地。在这个基地中，每天都有很多辆装满液体二氧化碳的汽车驶入作业现场。2022 年 8 月，该基地与中国石化集团旗下的另一家企业齐鲁石化合作，携手打造了"齐鲁石化-胜利油田百万吨级 CCUS 项目"（如图 6-2 所示）。这个项目是我国首个百万吨级 CCUS 项目，也是我国规模最大的 CCUS 全产业链示范项目。

图 6-2 齐鲁石化-胜利油田百万吨级 CCUS 项目

"齐鲁石化-胜利油田百万吨级 CCUS 项目"的出现意味着 CCUS 领域正式进入了成熟的商业化运营阶段。在碳捕集环节，齐鲁石化使用的是自主研发的液化提纯技术，该技术可以捕集煤气设备释放的二氧化碳。在碳利用与封存环节，胜利油田是主力军，它将二氧化碳注入油井，提升了石油采收率，并通过相关技术手段将二氧化碳封存到地下，防止二氧化碳进入大气层。在产品运输和装卸环节，齐鲁石化和胜利油田一起发挥作用。它们每天都会研讨和对接很多关键事项，包括产品日产量、罐容及装车条件、线上销售流程等。另外，胜利油田还购置了多辆汽车，以满足产品运输需求，为二氧化碳的出厂和销售做好充分准备。

"齐鲁石化-胜利油田百万吨级CCUS项目"在业内获得了"工业森林"的美誉。根据齐鲁石化和胜利油田的计算，该项目正式投产后，每年可以减排大约100万吨二氧化碳。这个减排效果相当于种植近900万棵树、近60万辆经济型轿车停开一整年。

齐鲁石化和胜利油田同属中国石化集团，它们合作开发的CCUS项目有天然优势。具体来说，该项目可以推动生产过程低碳化、化石能源清洁化的实现，也可以催生"人工碳循环"新模式。未来，随着投入成本不断增多，该项目将成为我国一个可复制、可推广的标杆项目。

6.2 关键点分析：CCUS的核心要素

CCUS是由多个核心要素组成的，包括碳捕集、碳运输、碳利用、碳封存。这些核心要素代表着CCUS的不同环节，共同推动CCUS发展，从而高效实现碳减排目标。

6.2.1 碳捕集：成本占比最高

碳捕集是将二氧化碳捕集起来的过程，这个过程需要用到一些技术，包括化学吸收技术、物理吸收技术、吸附技术、膜分离技术、深冷分离技术等。

（1）化学吸收技术：借助能与二氧化碳产生化学反应的化学溶剂，通过相应的技术手段对二氧化碳进行吸收，然后将吸收来的二氧化碳应用到合适的场景中。

（2）物理吸收技术：在加压条件下，借助有机溶剂吸收二氧化碳等酸性气体，将酸性气体与无害气体分离，从而实现减碳效果。

（3）吸附技术：首先借助吸附体和技术手段对二氧化碳进行选择性吸附，然后对二氧化碳进行解吸处理并将其从排放气体中分离出来。目前比较常用的吸附剂有活性氧化铝、铿吸附剂、"分子篮"吸附剂、碳基吸附剂、天然沸石、硅胶等。

（4）膜分离技术：因为薄膜对不同的气体有不同的渗透率，所以只要将渗透率设定好，薄膜就可以轻松捕集到二氧化碳。相关单位可以购置由特定材料制成的、符合二氧化碳渗透率的薄膜来分离二氧化碳，如碳膜、沸石膜、聚酰胺类膜、二氧化硅膜等。

（5）深冷分离技术：通过加压和降温的方式对气体进行液化处理，以实现二氧化碳的分离和捕集。借助该技术捕集到的二氧化碳往往更容易运输和封存，而且不需要使用化学或物理吸附剂，从而避免了吸附剂腐蚀、耗水多等疑难问题。

2021年，碳捕集工厂"奥卡"正式运营，该工厂可以从空气中直接分离和捕集二氧化碳。在该工厂中，大型集装箱随处可见，每个集装箱上都配有12台大型风扇，这些风扇可以把空气中的二氧化碳分离出来，并将其"捕集"到海绵状过滤器中，如图6-3所示。

过滤器一旦吸收了足够多的二氧化碳，就会自动关闭并加热到高温状态；然后，把二氧化碳释放出来进行浓缩处理；接下来，浓缩的二氧化碳会与热水混合，被注入地下的玄武岩层；最后，当浓缩的二氧化碳冷却到合适的温度后，就会矿化成深灰色石头被永久封存在地下。

图 6-3 "奥卡"工厂的集装箱及风扇

在 CCUS 系统中，碳捕集花费的成本通常是最高的，占总成本的 70%～80%。一般来说，碳捕集成本与排放源类型和二氧化碳浓度息息相关。通常来说，排放源越纯净，碳捕集成本越低；二氧化碳浓度越高，碳捕集成本越高。在实际操作时，相关单位可以根据排放源类型和二氧化碳浓度预测碳捕集成本，并以此为基础选择性价比更高的碳捕集技术。

6.2.2 碳运输：大规模运输设施建设

在 CCUS 系统中，碳运输属于中间环节，该环节的关键在于选择合适的碳运输方式。目前比较常用的碳运输方式有管道运输、船舶运输、公路槽车运输、铁路槽车运输，如图 6-4 所示。

这些碳运输方式往往适用于不同的场景。管道适合运输大规模的二氧化碳，运输距离通常比较长；船舶适合超长距离运输，而且运输的二氧化碳规模很大；公路槽车适合短距离运输，运输的二氧化碳规模不能太大；铁路槽车适合长距离运输，运输的二氧化碳规模通常不是很大。

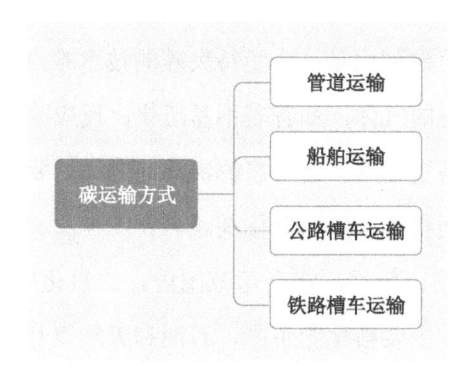

图 6-4 碳运输方式

在进行碳运输时，相关单位可以综合考虑二氧化碳规模、运输距离、运输成本、运输沿线交通布局等因素，以制订一份完美的 CCUS 运输计划。

就目前的发展情况来看，我国的船舶运输、公路槽车运输、铁路槽车运输已经进入商业化应用阶段。值得注意的是，因为现在大多数 CCUS 示范项目的规模都不大，需要运输的二氧化碳也不是很多，所以 70% 以上的二氧化碳都是通过公路槽车和铁路槽车运输的。

与其他运输方式相比，管道运输最具应用潜力，也最容易形成规模效益。管道运输已经在美国发展了 30 多年，而且美国已经建设了长度超过 8000 千米的专门运输二氧化碳的管道。我国的管道运输尚处于初级发展阶段，但也有 CCUS 示范项目使用了管道运输。例如，中石油旗下的吉林油田 CCUS 项目就使用了管道运输，运输距离长达 20 千米。

随着管道运输的发展和普及，我国将具备更强的管道设计能力，相关设计规范和标准也将逐渐完善。与此同时，船舶运输、公路槽车运输、铁路槽车运输也将实现更大范围的应用。

6.2.3 碳利用：亟待突破的技术难点

碳利用是指借助一定的技术手段，对捕集的二氧化碳进行资源化利用的过程。在 CCUS 系统中，碳利用是一个亟待突破的技术难点。究其原因，主要是二氧化碳虽然是很常见的气体，却有着不易活化、反应路径复杂等特点，这些特点使其利用过程变得更困难。而要想解决此问题，就要想方设法突破高温、高压环境瓶颈，同时要找到合适的催化剂。

根据华宝证券的统计数据，在全球范围内，二氧化碳消费量大约是 2 亿吨/年，这些二氧化碳主要被化肥生产、石油和天然气开采等领域充分利用。详细来说，化肥生产每年大约需要 1 亿吨二氧化碳作为原料，石油和天然气开采每年需要耗费 0.7 亿～0.8 亿吨二氧化碳。此外，在食品和饮料冷却、水处理等领域，二氧化碳也得到了充分利用。

除了上述领域在加快碳利用进程，我国也为推动碳利用发展提供了相应的政策支持。例如，2016 年，国家发展和改革委员会与国家能源局联合发布了《能源技术革命创新行动计划（2016—2030 年）》，强调要把碳利用作为重点攻关任务；2021 年 9 月，中国科学院在人工合成淀粉方面取得了极大进展，实现了二氧化碳到淀粉的从头合成，创新了淀粉生产模式。

未来，随着技术的不断进步和政策红利的释放，碳利用范围将进一步扩大。例如，利用二氧化碳合成高附加值化学产品与材料。根据 IEA 的预测，未来仅合成高附加值化学产品与材料所需的二氧化碳就高达 50 亿吨/年。这背后隐藏着巨大的碳利用市场，值得各方挖掘。

6.2.4　碳封存：陆上咸水层封存已经实现

碳封存是把捕集的二氧化碳注入地下，对二氧化碳进行封存，从而将二氧化碳与大气长期或永久隔绝起来的过程。目前比较常见的碳封存方式有陆上咸水层封存、海底咸水层封存、枯竭油气田封存等。其中，陆上咸水层封存已经实现，其封存的二氧化碳量也比较多。

全球知名咨询机构麦肯锡提供的数据显示，陆上咸水层的理论封存容量为

6万亿～42万亿吨，是 CCUS 项目总需求量的 50～70 倍。陆上咸水层封存作为 CCUS 项目的最佳选择，未来的发展潜力很大，整个碳封存领域也因此获得了非常不错的发展。

但与此同时，封存高浓度二氧化碳的要求非常高，申报流程也很复杂，而且需要综合考虑地质构造的稳定性。目前有些已经验证的具备封存容量的地质结构最终可能无法顺利对二氧化碳进行封存，所以相关专家依然要花费时间和精力对这些地质结构进行勘探和评估。如果将二氧化碳封存在不合适的地质结构中，则可能出现严重的碳泄漏问题。

从成本角度来看，碳封存过程不会产生附加经济效益，而且需要花费比较高昂的前期勘探成本和后期监测成本。例如，在通过陆上咸水层封存二氧化碳时，后期监测成本大约是 60 元 / 吨。如果封存的二氧化碳规模比较大，成本还会更高。对于企业来说，碳封存不仅成本高，而且没有附加经济效益，所以要想推动其发展，政策激励是很有必要的。

6.3 CCUS 战略规划正当时

CCUS 对于实现碳中和具有重要的作用，那么企业应该如何进行战略规划呢？首先，要对市场现状进行分析，明确增长动力和发展前景；其次，要明确 CCUS 的发展瓶颈，有针对性地解决问题；最后，要放眼国际市场，从整体上把握竞争格局。

6.3.1 现状分析：蕴藏极大发展潜力

联合国政府间气候变化专门委员会（IPCC）曾经发布了《全球 1.5℃增暖特别报告》，报告指出，CCUS 有利于进一步改善全球气候变化情况，而且明确强调 CCUS 对实现零碳排放有非常重要的意义。虽然 CCUS 极具价值，但不得不说，其发展尚处于早期阶段。

IEA 在《通过碳捕集、利用与封存实现工业变革》中指出，预计到 2060 年，工业部门的 CCUS 累计量将超过 280 亿吨，能源加工和转换部门的 CCUS 累计量大约为 310 亿吨，电力部门的 CCUS 累计量为 560 亿吨左右。此外，CCUS 将帮助化工产业完成减排 38% 的任务，同时可以帮助水泥和钢铁产业实现 15% 的减排目标。

生态环境部环境规划院提供的数据显示，截至 2022 年年初，我国已经投运或正处于建设中的 CCUS 示范项目已经达到近 50 个，碳捕集规模高达上百万吨／年。这些项目大多分布在石油、化工、电力等领域，主要以小规模捕集驱油示范为核心。

对于我国来说，CCUS 是各产业和各领域实现低（近零）碳排放的必经之路。根据北京理工大学能源与环境政策研究中心的研究结果，为了在 2060 年前顺利实现碳中和目标，我国需要通过 CCUS 减排 175 亿～315 亿吨二氧化碳。其中，火电产业是 CCUS 发挥作用的主要阵地，CCUS 能帮助该产业减排 160 亿～285 亿吨二氧化碳。而其他产业，如钢铁、水泥、化工等，可以通过 CCUS 完成减排 15 亿～30 亿吨二氧化碳的目标。

从全球范围来看，目前全球 CCUS 项目呈现爆发式增长。截至 2022 年年初，全球 CCUS 项目超过 150 个，其中近 50 个项目已经顺利落地，其他项目则处于开发、建设或运营过程中。另外，IEA 提供的数据显示，预计到 2050 年，全球利用碳捕集技术捕集的二氧化碳量将达到 56 亿吨左右，与 2020 年的 4000 万吨相比，增幅高达上百倍。

综上所述，包括我国在内的多个国家都非常重视 CCUS 发展和 CCUS 项目开发。在不久的将来，CCUS 很可能会成为各国争相追捧的风口。

6.3.2 发展瓶颈：成本、二氧化碳销售及盈利模式

在碳捕集、利用与封存过程中，碳捕集是成本最高的环节。因此，CCUS 的首个发展瓶颈是成本。引入碳捕集技术后，处理 1 吨二氧化碳，企业将额外增加 140～600 元的运行成本。以华能集团为例，其开发的上海石洞口捕集示范项目就使其发电成本从 0.26 元 / 千瓦时提升到 0.5 元 / 千瓦时。而且从整体上来看，CCUS 的碳利用成本也处于较高水平。

除成本外，二氧化碳销售及盈利模式也是阻碍 CCUS 发展的重要问题。第一，全球还没有完善、科学、统一的二氧化碳销售及盈利模式，这会对二氧化碳市场造成不良影响；第二，销售二氧化碳的风险比较高，人们一不小心就会陷入骗局，如二氧化碳虚拟交易骗局、二氧化碳虚拟货币投资骗局、"霸王合作"协议骗局、合作成立二氧化碳销售公司骗局等。

因为存在成本、销售及盈利模式等方面的发展瓶颈，所以参与 CCUS 项目的企业主要是国有企业，或者是一些涉及多个业务领域的大型企业。而对于小型企业或中型企业来说，参与 CCUS 项目并没有那么简单，这背后的风险也比较大。

久而久之，CCUS 项目可能就掌握在经济实力强大，且有较高知名度和较大影响力的企业手中。而市场需要的其实是"百花齐放"，因此要鼓励中小型企业积极开发 CCUS 项目。国家为中小型企业提供一定的资源支持，可以进一步推动整个 CCUS 领域的发展。

6.3.3 竞争格局：国外企业发展较快

纵观全球竞争格局，国外企业的 CCUS 项目发展较快。2021 年，美国和欧盟的新增 CCUS 项目占全球新增项目的 75%，累计项目总数占全球累计项目总数的 63%。国外的 CCUS 项目能获得这样优秀的成绩是因为美国、欧盟给予

了CCUS项目强有力的政策支持，带动企业积极投资CCUS项目。

世界领先的石油和石化公司埃克森美孚在CCUS项目上的投资超过100亿美元，而且计划在2025年前追加30亿美元的投资。根据埃克森美孚的预测，CCUS项目的潜在市场规模自2020年起每年会扩大35%，2040年将达到2万亿美元。

无独有偶，Svante、CarbonCure、Blue Planet、道达尔等欧美巨头企业也相继宣布要围绕能源转型和低碳业务发展，进行企业组织架构调整和业务重塑，其中道达尔每年将会投入10%的经费在CCUS项目研发方面，如表6-1所示。

表6-1 不同企业在CCUS项目上的实践

企业	技术	落地场景	优势	国家
Svante	固体吸附剂	水泥	使用第二代碳捕获技术，所需成本仅为溶液吸收法的50%	加拿大
CarbonCure	二氧化碳矿化封存技术	建筑	对二氧化碳进行矿化处理并封存到建筑材料中，提升建筑材料的抗压性，同时将混凝土中的水泥含量降低3%~6%	加拿大
Blue Planet	二氧化碳矿化封存技术	建筑	将二氧化碳永久封存到混凝土中，性能优异	美国

而目前，我国企业对CCUS项目的研究还较少，只有少数几个大型国有企业进行过相关项目建设，而且尚未进行商业化应用，市场潜力和机会巨大。

第7章

碳市场布局：用资本助力碳中和

实现"双碳"目标是一场广泛的经济社会系统性变革，过程并不轻松，不仅需要技术创新，还需要制度创新。而建设全国碳排放权交易市场（以下简称碳市场）就是我国为了实现"双碳"目标进行的一项制度创新，能够有效加快目标进程。

布局碳市场需要巨额资金助力。这需要企业、金融机构等资本方发挥优势，积极推进碳市场的建立和运行。当前，已有多家企业发行了碳中和债券，多家银行参与承销，探索新的融资模式。未来，伴随着碳市场的完善，碳交易将会覆盖钢铁、石化等更多行业。

7.1 关于碳市场的核心问题

建立碳市场是实现"双碳"目标的重要手段，能够根据明确的减排目标，以市场化手段实现碳定价，提升市场碳减排的效率。当前，一些区域性碳市场已经实现了平稳运行。未来，随着全国碳市场的完善，碳交易也将实现进一步爆发。

7.1.1 为什么需要碳市场

经过一年多的实践，于 2021 年 7 月启动的全国碳市场的市场框架基本建立，运行趋于平稳。2021 年 12 月 31 日，全国碳市场首个履约期截止。生态环境部公布的信息显示，履约期内，全国碳市场共纳入发电行业重点排放企业 2162 家，覆盖二氧化碳排放量约 45 亿吨。截至 2022 年 10 月，碳排放配额累计成交量约为 1.96 亿吨，累计成交额达 85.8 亿元。

为什么我国需要碳市场？建设全国碳市场有何意义？

从微观层面来说，以往在控制碳排放方面，我国以行政命令为主要手段，缺少市场干预。对于企业而言，其排放二氧化碳产生的社会成本不明显，也缺少主动减排的积极性。而现在，随着全国碳市场的运行，碳排放权交易直接影响企业的收益，使得企业不得不重视减排这件事，实现尽量少花钱，甚至多赚钱。这就使企业更加愿意通过优化能源结构降低二氧化碳排放量。

从宏观层面来说，全国碳市场是实现"双碳"目标的重要工具。全国碳市场在实现"双碳"目标方面的意义主要体现在以下 4 个方面。

（1）推动高排放行业实现产业结构调整、能源结构优化，实现绿色低碳化。

（2）为碳减排释放价格信号，同时提供经济激励机制，引导资金流向减排潜力大的企业，推动低碳技术创新，从而实现高排放行业的低碳发展。

（3）通过建立全国碳市场抵消机制，促进可再生能源发展，实现区域协调发展，使绿色低碳的生产和消费方式更加普遍。

（4）全国碳市场为多个行业的绿色低碳发展、实现"双碳"目标提供投融资渠道。

和传统的命令式管理手段相比，全国碳市场这种市场化的管理手段既可以将减排、绿色低碳的责任传达给企业，又能够为企业参与减排提供经济激励机制，带动绿色技术的创新和产业投资。

整体来看，未来随着全国碳市场的完善，其将覆盖发电、钢铁、石化、造纸、航空等多个高耗能行业，纳入数千家大型碳排放企业，成为控制全国碳排放总量的有效抓手。此外，配额交易形成的碳价将对企业的生产经营和人们的消费行为产生重要影响，推动低碳生产方式和生活方式的普及。

7.1.2　如何打造一个碳市场

将碳排放配额作为一种商品并吸引更多企业参与交易，需要完善的设计。那么，怎样才能够打造一个碳市场？打造碳市场的核心要素如图 7-1 所示。

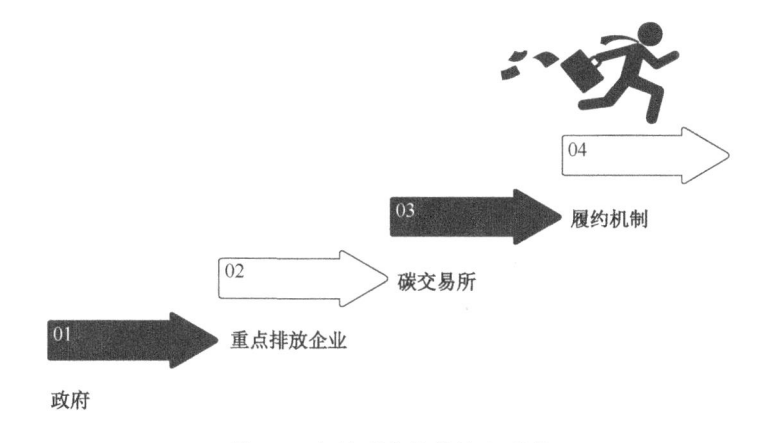

图 7-1　打造碳市场的核心要素

1. 政府

打造全国碳市场离不开政府的支持。碳市场以政府发布的控制碳排放总额的政策为搭建根基。政府需要管理碳配额的发放、核查碳排放额等，并出台相应的法律法规。

2. 重点排放企业

打造全国碳市场需要重点排放企业的参与。这些重点排放企业既可以是市场中的买家，也可以是卖家。当前，在建设初期，碳市场中只纳入了电力这一个行业。而在未来，碳市场的目标是纳入包括钢铁、石化、建材等在内的八大重点排放行业。

3. 碳交易所

在政府和重点排放企业的参与下，以碳交易所为代表的碳市场就建立起来了，以实现碳排放配额交易。碳交易所可以开发各种金融产品，如碳中和债券、期货等。当前，我国的碳交易所主要有深圳排放权交易所、北京环境交易所、上海环境能源交易所等。

4. 履约机制

碳市场的稳定运行离不开履约机制。针对企业碳排放不达标的问题，碳市场必须设置强有力的处罚措施，否则，整个市场就会缺乏公信力和约束力。

例如，某电力企业得到的年排放配额是100万吨，需要由第三方认证机构验证实际的年排放量。如果最终计算出的企业实际排放量为120万吨，那么在履约期内，企业必须通过购买排放配额来补足自己的实际排放量，否则，企业将会面临购买价格的3~5倍罚款。此外，对于违反规定的企业，政府也应对其进行相应的行政处罚。

总之，在完善的市场运行机制的作用下，碳市场可以通过市场化的手段和各种金融工具促进企业减排，最终实现"双碳"的总目标。

7.1.3 资本在碳市场中有何作用

自《关于构建绿色金融体系的指导意见》发布以来，资本便表现出了对绿色产业的支持，包括支持绿色企业融资，鼓励资产管理机构将环境、社会和治理纳入投资决策流程等。而在"双碳"目标成为我国重要战略后，资本同样能够发挥其优势，推动"双碳"目标的实现。具体而言，资本在碳市场中的作用表现在以下3个方面，如图7-2所示。

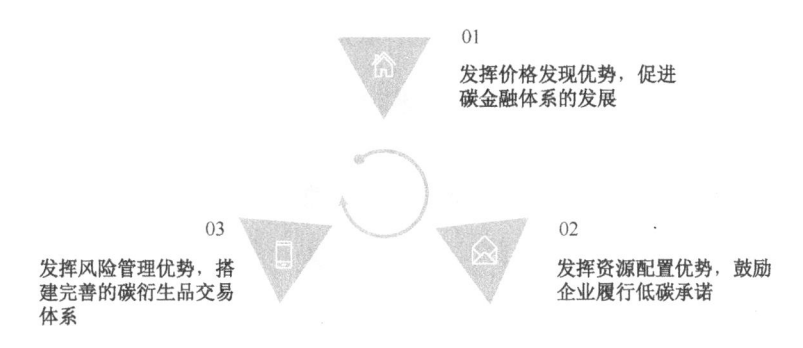

图7-2　资本在碳市场中的作用

1. 发挥价格发现优势，促进碳金融体系的发展

碳市场能够推动碳排放价格的市场化，从而激励高排放产业节能减排，提高资本对高耗能产业技术改造项目的投资意愿。金融企业在碳市场中既可以发挥中介功能，加速市场流动，也可以参与碳减排投融资项目，为技术改造和研发项目提供资金支持。

2. 发挥资源配置优势，鼓励企业履行低碳承诺

从趋势上看，越来越多的投资者在进行投资决策时会考虑环境风险因素，综合考虑企业的ESG（Environment, Social and Governance，环境、社会和治理）绩效、企业在促进可持续发展方面做出的贡献等。这将逐步引导资金向履行低碳承诺的企业流动，促进资源配置的不断优化。

3. 发挥风险管理优势，搭建完善的碳衍生品交易体系

碳衍生品交易体系的搭建既可以提升碳市场的流动性，助力碳排放权合理定价，也能够为企业提供管理碳资产风险敞口的工具，提升企业参与碳资产配

置的意愿,进而盘活整体碳资产。

当前,公募基金已开始探索 ESG 主题基金。相关统计数据显示,截至 2021 年年底,泛 ESG 主题基金(名称中包含"ESG""绿色""可持续发展"等概念的基金)超过 200 只,规模合计超过 2612 亿元。

未来,资本市场还可以从多方面助力"双碳"目标的实现。首先,加强我国各城市、我国与国际社会的绿色金融合作。其次,完善企业 ESG 的披露规定、披露标准等,从而推动 ESG 投资规模的扩大,提升企业减排的意愿。最后,推进碳资产相关金融产品的创新,提升碳资产交易规模和市场活跃度。

7.2 建设碳市场的两大关键点

"双碳"目标的长期性和全局性决定了建设碳市场不是一件一蹴而就的事情,需要长期的布局和完善。其中,碳配额和碳定价是建设碳市场的两大关键点,也是碳市场长久平稳运行的关键要素。

7.2.1 碳配额:节能减排是目标

碳配额是指经政府部门核定,企业在一定时期内获得的排放温室气体的总量,即纳入碳排放权交易的企业在一定时期内可以排放的二氧化碳的额度。碳配额分配是碳排放权交易中与企业关系十分密切的一个环节。在碳排放权交易中,配额的稀缺性推动市场价格的形成,也决定了企业碳交易的成本。

碳配额的分配方法主要有以下 4 种,如图 7-3 所示。

1 基准线法
2 历史排放法
3 历史强度法
4 有偿分配法

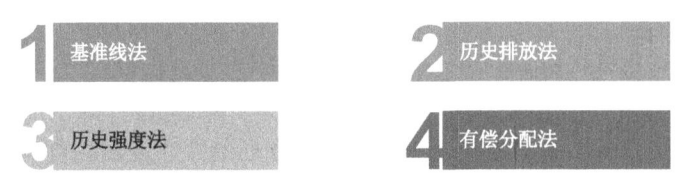

图 7-3 碳配额的分配方法

1. 基准线法

基准线即"碳排放强度行业基准值",是根据技术水平、减排潜力等指标综合确定的行业内某一生产水平的单位活动排放量,是基准线法的重要依据。基准线法对历史数据要求较高,往往根据企业的活动水平、相关行业基准、年度减排系数、调整系数等要素计算企业的碳配额。

2. 历史排放法

历史排放法是一种不考虑企业的产品和产量,而是依据历史排放值分配碳配额的方法。在具体操作中,往往以企业过去一定年度的碳排放量为依据,确定其未来年度的碳配额。

3. 历史强度法

历史强度法是依据企业的产量、历史碳排放强度值、减排系数等确定碳配额的一种方法。该方法介于基准线法和历史排放法之间,是在行业和产品数据缺失的情况下确定碳配额的过渡性方法。

4. 有偿分配法

除以上3种免费分配碳配额的方法外,有偿分配法也是分配碳配额的常用方法。有偿分配法分为有偿竞买和固定价格出售两种形式。

简单来说,有偿竞买就是政府部门通过竞价的方式,将碳配额出售给出价最高的买方。有偿竞买中的碳配额来源主要为政府部门除免费配额外的配额及储备配额。固定价格出售即政府部门给部分碳配额制定好合适的固定价格并出售给需要的企业。定价的影响因素包括温室气体减排的平均成本、减排目标、社会发展规划等。

当前，各地政府在碳配额方面实行的不是单一分配方式，而是采用混合模式，部分碳配额免费分配，部分碳配额有偿分配。这样既能够使企业获得相应的碳配额，又能够保证政府部门在碳市场中发挥宏观调控作用。

7.2.2 碳定价：减排与增收双赢

碳定价是碳市场中形成碳交易的核心要素，也是鼓励企业低碳生产的有效手段。从经济角度看，碳定价为企业提供了激励措施，让其更关注碳排放的成本，并思考通过怎样的优化措施实现减排，甚至凭借剩余碳配额出售获得收益。

碳定价的主要形式包括以下3种，如图7-4所示。

```
    01 —— 碳税
    
碳排放交易机制 —— 02
    
    03 —— 碳信用机制
```

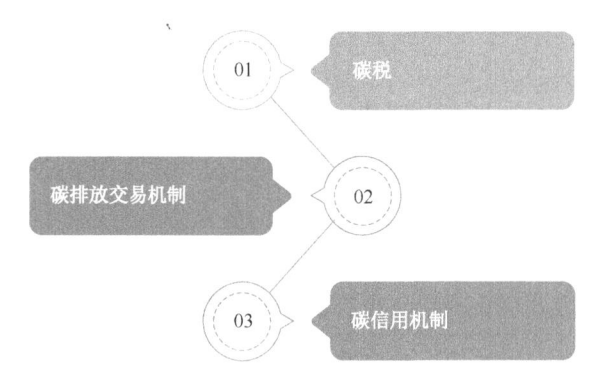

图7-4 碳定价的主要形式

1. 碳税

碳税指的是政府对企业的碳排放行为征税，以提高企业的碳排放成本。企业为了获得更高利润不得不进行减排，从而减少社会碳排放总量。碳税的具体实现手段包括提高税率、扩大碳税覆盖范围、废除碳税豁免、征收碳关税等。

碳税的优势体现在以下四个方面：一是见效快，可以直接提高碳排放成本，快速挤压企业的利润空间，倒逼其进行生产结构优化、采取各种节能减排措施等，在短时间内实现大幅减排。二是实施成本低，主要依靠现有税收体系实施，不必增加新的配套设施。三是稳定的税率能够形成稳定的碳价格，便于企业制订长期减排计划。四是可以实现收入再分配，政府可以将碳税收入投入新能源技术研发、企业低碳转型项目中，为企业提供助力。

2. 碳排放交易机制

碳排放交易机制是一种新型的国际贸易机制，是为了减少温室气体排放而设立的。《京都议定书》中明确了3种灵活的减排机制。

（1）排放权贸易机制：发达国家将其超额完成的减排指标转让给其他没有完成减排义务的发达国家。

（2）联合履约机制：发达国家之间进行项目合作，转让方扣除部分排放量，转化为减排单位给予投资方。

（3）清洁发展机制：发达国家以资金和技术与发展中国家进行温室气体减排项目合作，换取项目产生的"核证减排量"，以此方法履行部分减排义务。

除《京都议定书》规定的以上机制外，还有一种自愿减排机制，即一些企业为履行社会责任，自愿进行减排和碳交易的机制。

碳排放交易机制具备3个优势。一是减排效果明确。在碳排放交易机制下，政府可以直接明确一定时期内的碳配额总量，未来的减排效果也更直观。二是可以通过价格手段推动企业减排。除配额交易外，碳排放交易机制还支持配额期货衍生品交易，提高市场效率。三是可以促进国家间合作，扩大碳排放市场规模。碳排放交易机制能够实现国家之间的互联互通，形成跨国的碳市场，实现在更大范围内实行碳交易。

3. 碳信用机制

碳信用是一种允许交易的许可证书，信用持有人享有排放温室气体的权利。创建碳信用的目标是减少工业活动中温室气体的排放,以减缓全球变暖的进程。政府设定温室气体排放上限后,一些企业无法立即实现减排,因此,这些企业可以购买碳信用以遵守排放上限。实现减少温室气体排放的企业往往会获得额外的碳信用额,出售碳信用盈余可用于补贴之后的减排项目。

碳信用机制独立于其他碳定价机制之外。在其他碳定价机制中,企业履约是义务性的,而碳信用的产生基于自愿原则。可以说,碳信用是对自愿减排机制的补充。

7.3 健全碳市场

打造碳市场是一个分阶段、不断发展的长期工程。从现状来看,碳市场交易相对低迷,因此在持续完善碳市场的功能、健全碳市场方面,我们还需要持续努力。

7.3.1 碳市场现状分析

目前,我国碳市场由地区碳市场和全国碳市场组成。地区碳市场由各地区自行设立,独立运行。一些地区分别设立了登记机构与交易机构,也有部分地区将二者合并起来进行运作。

全国碳市场采用登记与交易分开的方式。登记机构负责碳排放配额的持有、变更、清缴、注销等,同时提供结算服务;交易机构负责组织碳排放权的集中交易。当前,全国碳排放权登记机构、交易机构还没有成立,由湖北碳排放权交易中心有限公司负责全国碳排放权注册登记、账户开立等具体工作,由上海环境能源交易所股份有限公司负责全国碳排放权交易方面的相关工作。地区碳市场的登记机构/系统和交易场所如表 7-1 所示。

表 7-1　地区碳市场的登记机构／系统和交易场所

碳排放权市场区域	碳排放配额登记机构／系统	交易场所
北京	北京市气候中心	北京绿色交易所
上海	上海信息中心	上海环境能源交易所
深圳	深圳市注册登记簿系统	深圳排放权交易所
天津	天津排放权交易所	天津排放权交易所
广州	广州碳排放权交易所	广州碳排放权交易所
重庆	重庆碳排放权交易所	重庆碳排放权交易所
湖北	湖北碳排放权交易中心	湖北碳排放权交易中心
四川	—	四川联合环境交易所
福建	福建省生态环境信息中心	海峡股权交易中心

碳市场的运行机制包含以下要素，如图 7-5 所示。

- 碳排放配额发放
- 履约周期及配额清缴
- MRV与监管机制

图 7-5　碳市场运行机制包含的要素

1. 碳排放配额发放

政府部门会根据控制温室气体排放这一目标的要求，同时考虑经济增长、能源结构等因素，明确碳排放额度，并将相应配额分配给纳入企业。企业需要通过改进技术、优化结构等措施控制排放量，保证排放量在碳排放配额之内，以实现碳减排目标。

2. 履约周期及配额清缴

企业应根据其实际排放量，在履约周期内向分配配额的政府部门及时清缴上一周期的碳排放配额。目前，全国和地区碳市场履约周期均为1年。在进行清缴时，如果企业清缴碳排放配额后仍有剩余，可以在碳市场中出售剩余配额；如果企业不能足额清缴，可以在碳市场中购买相应碳配额以完成清缴。

3. MRV与监管机制

MRV指的是碳排放的量化和数据质量保证的过程，包括监测、报告、核查3个环节。其中，监测和报告环节指的是制订并实施监测计划、生成排放报告，核查环节由第三方核查机构按要求开展核查工作。MRV的监管作用是保证排放权交易体系稳定运作并取得预期效果的关键。当前，许多地区都推出了分析行业中企业碳排放数据和报告的机制、第三方核查规范等，并建立了信息电子报送系统，以保证数据的准确性。

根据碳市场交易管理的相关规定，企业虚报、瞒报碳排放数据或不履行报告义务的，可能会受到责令限期改正、罚款、减少下一年度碳配额等处罚。

7.3.2　碳排放权是如何交易的

在碳排放权交易方面，政府部门已经设计了一套完善的交易方式，能够有效促进社会节能减排。碳排放权的交易机制并不复杂。被市场纳入的相关企业将获得政府部门规定的碳排放配额，如果企业的实际排放量高于碳排放配额，则需要到碳市场购买相应的排放配额；如果企业的实际排放量低于碳排放配额，则可以将剩余排放配额在市场中出售，获得利润。

在碳市场建立之前，我国主要通过行政手段进行碳排放总量的管控。碳市场建立起来之后，市场机制被引入，碳排放权交易更具自主性。同时，在自主性的基础上，碳排放权交易也是一种政策性工具。碳税、碳信用机制等都对企业的碳排放行为进行制约，而市场交易机制也为企业节能减排提供了盈利的机会。在这种情况下，碳排放权交易能够有效促使企业逐步降低碳排放强度。

为了进入全国碳市场，一些发电企业很早就开始准备。例如，2018年，位于呼伦贝尔的伊敏电厂开始进行进入全国碳市场的筹备工作，委托第三方碳资产公司对企业的碳排放进行核算，最终发现，如果要达到国家规定的碳配额，企业需要减少约15%的碳排放量。如果不进行节能整改，进入碳市场后，企业需要长期购买碳配额，耗费巨额资金。于是，伊敏电厂投资8500万元进行了一系列技术改造，最终实现了每年节约用煤5万吨。

再如，浙江华能玉环电厂在全国碳市场启动之前，进行了数年的节能减排改造。全国碳市场启动后，企业的碳排放量比自身碳配额少了100多万吨。这些节省下来的配额可以在市场中出售，以获得收益。按照相关政策规定，发电企业使用清洁能源能够获得"绿色电力证书"，减少的碳排放量可以转化为企业的碳配额。经过节能减排改造后，华能玉环电厂搭建了集"水、火、风、光"于一体的绿色电网。其中，海上光伏发电项目年发电量约为1.4亿度，每年节约煤炭约4.43万吨，为企业增加了11万吨的碳配额。

7.3.3 谁是碳市场的主角

我国的碳市场搭建是从地方试点开始的，从地区碳市场到全国碳市场，其中的主角也不尽相同。2011年，北京市、天津市、上海市等地的碳市场交易试点被批准建立。2013年，这些试点纷纷上线交易，并逐渐覆盖了钢铁、电力等20多个行业，如表7-2所示。

表7-2 地区碳市场所覆盖的行业范围

碳排放权交易市场区域	行业范围
北京	热力生产和供应、电力生产、水泥制造、石化生产、道路运输、航空运输、其他工业和服务业
天津	钢铁、化工、电力、热力、石化、油气开采、建材、造纸、航空、有色、机械设备制造、农副食品加工、电子设备制造、食品饮料、医药制造、矿山

续表

碳排放权交易市场区域	行业范围
上海	电力热力（发电、电网、供热）、航空、港口、水运、自来水生产、建筑（商场、宾馆、商务办公、机场）、其他工业企业
深圳	供电、供水、供气、公交、地铁、危险废物处理、污泥处理、污水处理、平板显示、港口码头、计算机、通信及电子设备制造等制造业和其他行业
广州	电力、水泥、钢铁、石化、造纸、民航等行业
重庆	工业企业
湖北	玻璃及其他建材、水泥、化工、汽车制造、钢铁、设备制造、造纸、食品饮料、有色金属和其他金属制品、医药、石化、自来水生产与供应、纺织业、陶瓷制造、热力生产和供应及其他行业
福建	电力、石化、化工、建材、钢铁、有色、造纸、航空、水泥、陶瓷等行业

全国碳市场目前只覆盖了电力这一个行业，首批被纳入全国碳市场的超过2000家企业都是年综合能耗超过1万吨的火力发电企业。为什么全国碳市场只覆盖电力行业呢？一方面，电力行业碳排放占全国碳排放的比例较高，从这个行业开始开展碳排放交易，对于全国控制碳排放有较大的作用；另一方面，电力行业整体管理水平较高，技术和数据基础比较好，以电力行业为突破口能够积累相关经验，推动碳市场的完善。未来，随着全国碳市场的逐渐成熟，石油、化工、建材等更多高耗能行业将逐步被纳入市场中。

从交易主体来看，根据各地区碳市场的交易规则，北京碳排放权交易市场不允许个人参与交易，其他地区的碳市场中碳配额的交易主体包括纳入市场碳配额管理的企业、符合交易规则的机构和个人。而CCER（国家核证自愿减排量）交易主体包括纳入市场碳配额管理的企业和其他机构，不允许个人交易。

7.3.4 政策保障不容忽视

市场不是万能的，要想实现节能减排、碳中和，还需要政策的助力。2021

年以来，与碳市场相关的政策频出，为碳市场的平稳运行提供了坚实基础。

1. 国家层面的相关政策

（1）《碳排放权交易管理暂行条例》。2021年3月，生态环境部就《碳排放权交易管理暂行条例》的草案公开征求意见。未来，该法律条文经过修改并审议通过后，将形成碳交易相关规章的制定纲领。在2022年7月国务院发布的《国务院2022年度立法工作计划》中，《碳排放权交易管理暂行条例》被列入国务院2022年度立法工作计划中。

（2）《碳金融产品》。2022年4月，中国证监会发布《碳金融产品》行业标准。该标准由广州碳排放权交易所、北京绿色交易所共同编制，行业内多家相关单位共同参与。该标准是碳金融领域的第一份国家行业标准，规范了碳金融产品的术语、适用范围、不同碳金融产品的实施流程等，对碳金融产品提出了规范性指引和要求。

2. 地区层面的相关政策

（1）2021年12月，湖北省人民政府发布《湖北省金融业发展"十四五"规划》，提出要"加强碳金融市场建设，创新碳排放交易产品，打造碳市场现货及衍生品清算基础平台"等。

（2）2022年6月，上海市人民政府办公厅发布《促进绿色低碳产业发展、培育"元宇宙"新赛道、促进智能终端产业高质量发展等行动方案的通知》，提出要"引入碳交易信用保证保险，建立碳普惠机制；建立和完善碳交易标准规则体系；重点发展碳基金、碳债券、碳质押、碳保险等金融产品"等。

（3）2022年7月，广东省人民政府办公厅发布《广东省发展绿色金融支持碳达峰行动实施方案的通知》，提出要"健全碳排放权、排污权、用能权、用水权等环境权益交易机制；鼓励金融机构在符合监管规定的前提条件下，参与碳市场交易，为碳交易提供资金存管、清算、结算、碳资产管理、代理开户等服务；探索发展碳资产抵押融资、碳资产托管、碳回购、碳基金、碳租赁、碳排放权收益结构性存款等金融产品，提升碳市场流动性"等。

除以上碳市场方面的支持性政策外，在碳排放权交易方面，不少地区也推出了相关的交易规则。以深圳为例，2022年5月，深圳市人民政府发布《深圳市碳排放权交易管理办法》，对碳市场交易的方式、主体、流程等进行了明确，以减少碳排放权交易的风险。

未来，在各种碳市场政策的支持下，各级市场的运行将趋于稳定，以更成熟的市场机制纳入更多的高耗能企业。

应用篇

碳中和创新行业格局

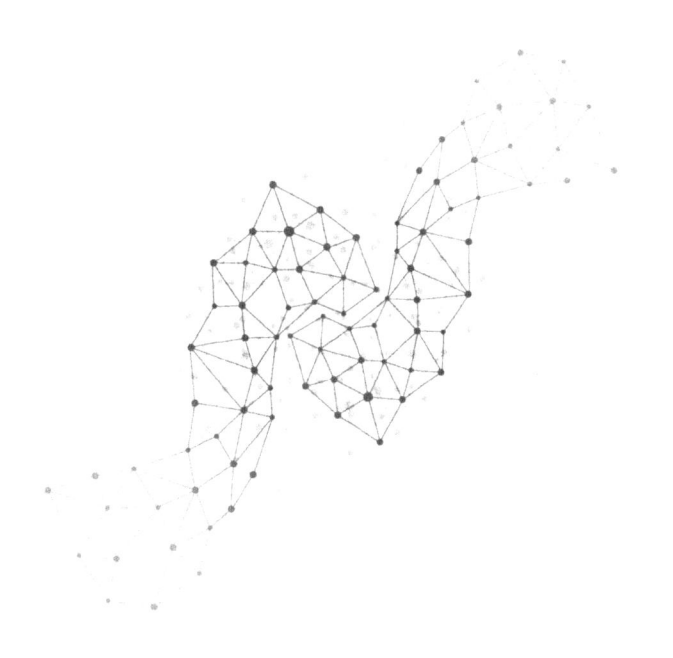

第8章

绿色制造：支柱行业低碳化

推行绿色制造是实现工业低碳发展的有效方法。自碳中和目标提出以来，各地企业纷纷响应号召，积极推进绿色制造体系建设，探索绿色工厂的建设、绿色产品的开发等。随着越来越多工业企业的探索，绿色制造领域将逐步发展壮大，实现制造领域的低碳化发展。

8.1 现状分析：绿色制造成绩亮眼

制造领域是我国碳排放的重要领域。近年来，在绿色低碳发展理念的指引下，绿色制造取得了亮眼的成绩。在碳中和目标、技术升级等因素的影响下，绿色制造领域繁荣发展，新加入的企业和新兴绿色产品越来越多。

8.1.1 引爆全新的经济增长点

在当前社会中，低碳化转型成为大势所趋。而其中，绿色制造作为新的经济增长点，成为企业转型的新机遇。

一方面，绿色制造是生态维护的需要，也是我国制造业向高端发展的选择。

当前，雾霾、水污染等生态问题已经对经济发展造成了严重影响，生态的恢复和维护需要绿色制造的支持。而目前一些企业将绿色制造当作负担，担忧绿色制造的经济效益。事实上，我国制造业依赖的资源优势正在逐步减弱，要想提高竞争力，制造企业就需要寻求消耗少、产出高的生产方式。这种环境友好型的工业生产方式是打造工业强国的必然要求。

另一方面，绿色制造能够与先进科技支持下的智能制造相互促进。绿色制造的特点是资源消耗低、环境污染小，智能制造的特点是自动智能、多设备互联，二者可以实现相互促进、相互补充。

智能制造中的技术应用，如智能电网、多网融合等，不仅能够连接生产、销售等环节，还能够减少资源消耗，实现节能减排。而绿色制造中推行的各种新技术、新材料等，也与智能制造中的新应用"不谋而合"。绿色制造能够推动技术升级、生产流程迭代优化等，由此将打造出新的经济增长点。

传统企业向绿色制造企业转型将推动先进技术和绿色产品的不断创新。钢铁、服装等传统制造业需要用绿色生产工艺改造传统制造流程，信息通信、智能设备等新兴产业需要从绿色设计入手打造绿色产业链。由此产生的绿色生产、智能电网等，不仅能够推动制造业实现绿色化、智能化、高端化发展，还能够带动上下游全产业链的节能减排，创造新的经济增长点。

8.1.2 碳中和成为绿色制造的重要导向

当前，我国的制造领域由高速发展转向高质量发展，低碳化成为企业发展的主要趋势。其中，政策的引导是制造业绿色低碳发展的主要推动力。

在碳中和成为制造领域的指导政策之前，数字经济的发展推动了绿色制造方向的初步形成。在绿色工厂、绿色工业园区、绿色供应链的助力下，制造企业绿色转型的步伐不断加快，工业设计、制造等产业链中涌现出了一批龙头企业。碳减排成效大大提升，工业活动的绿色生态属性不断彰显。

在 2020 年 9 月"双碳"目标提出之后,碳中和目标对制造业低碳化提出了更高要求。2020 年的中央经济工作会议指出:"要抓紧制定 2030 年前碳排放达峰行动方案,支持有条件的地方率先达峰。加快调整优化产业结构、能源结构,推动煤炭消费尽早达峰,大力发展新能源,加快建设全国用能权、碳排放权交易市场,完善能源消费双控制度。继续打好污染防治攻坚战,实现减污降碳协同效应。开展大规模国土绿化行动,提升生态系统碳汇能力。"

2021 年全国生态环境保护工作会议提出,要在减污降碳方面实施"一体谋划、一体部署、一体推进、一体考核"的机制。同时,为了落实"双碳"目标,相关部门将强化降碳的刚性举措,对高能耗、高排放项目从严管理。

在政策的指引下,制造业的发展导向也更加明确。未来,钢铁、水泥等高耗能、高排放行业的发展空间将受到限制,需要将发展目标转为精细化高质量运作。同时,传统制造业中在技术、产品等方面积极进行创新升级的企业将得到更好的发展。此外,新能源、节能环保等新兴产业能够凭借低碳属性迎来快速发展。

8.1.3 技术升级催生更高质量的绿色产品

绿色制造的实现离不开技术的支撑。要想实现绿色转型,企业就需要提升绿色创新水平,积极研发、使用先进的绿色低碳技术,推进绿色制造,生产出更多符合低碳要求的新产品。

在这方面,科技产业集团 TCL 做出了良好示范。基于"生态优先、绿色发展"的理念,TCL 不断推进在清洁生产、智能装备等方面的探索,推出了一系列绿色产品。

例如,TCL 华星推出的 FHD 显示器,基于大开口率、加大玻璃基板间隙等特点,实现了 5.6% 的穿透率,相比同类产品,降低了 45% 的能耗。该产品也因节能环保获得了美国能源部和美国环保署能源之星 ES8.0 认证。

此外，TCL连续多年积极推进电机能效提升、中央空调系统节能改善等节能减排项目，提高生产过程的能源使用效率，实现绿色低碳生产。例如，TCL推出的TCL卧室新风空调就是一款低碳绿色产品，该产品在2021年家电绿色低碳发展技术大会上获得了绿色低碳产品认证。新风空调凭借创新智能变频控制功能，能够实现快速响应、智能调控，减少温度调节导致的能耗。同时，大直径高效风轮、叶型及贯流风道型线的设计也能够大幅提升空调的整机能效。

技术的升级推动了绿色产品的发展。未来，像TCL一样以新技术赋能产品的实践案例将会越来越多。伴随着技术的进步和更多企业的实践，更加多样化的绿色产品将会出现。

8.1.4 美菱：引领绿色制造新潮流

在政策的指引下，企业纷纷加码节能制造，通过产品升级、生产流程改造等，实现企业的绿色可持续发展。以家电品牌美菱为例，其推出的节能冰箱产品采用了变频节能技术，降低了产品能耗；绿色示范工厂的建成，将绿色节能理念融入制造环节，实现了绿色生产。

美菱在绿色制造方面积极践行环保、可持续的理念。在美菱大冰箱制造基地，自动化机器与超级计算机的结合，实现了生产过程的信息化管理。同时，凭借大数据中心的实时监控，各生产环节的情况一目了然。

在美菱合肥智能冰箱生产线、美菱绵阳智能冰箱生产线相继投产后，美菱的环保节能冰箱实现了大规模生产。在智能、节能生产线的加持下，美菱的绿色节能产品大获发展。同时，在绿色产品的技术研发方面，美菱也取得了不小的成果。例如，凭借0.1度变频节能技术的开发，美菱的诸多产品都实现了节能效果，加速了绿色产品的普及。

在制定发展战略时，企业需要思考什么样的战略更符合社会的需要。在碳中和概念席卷整个制造业的当下，美菱积极瞄准碳中和这一主流方向，探索可持续发展的技术和创新应用，不断为用户提供更多的绿色产品。

8.2 不同领域的绿色制造战略

伴随着碳中和政策的推行，各类企业都将碳中和战略融入企业战略布局中。控制能耗、推进生产结构变革成为制造产业绿色升级的关键。当前，煤炭领域、钢铁领域、石化领域等高耗能领域纷纷瞄准碳中和，积极推进绿色制造战略。

8.2.1 煤炭领域：适应发展潮流，积极转型

煤炭是我国的能源供应主体，过去数十年间，煤炭行业的发展与经济社会的发展高度同频。在碳中和大趋势下，煤炭行业进行绿色转型是大势所趋。那么，煤炭企业应如何布局呢？在新的形势下，煤炭企业需要做好以下几方面工作，如图 8-1 所示。

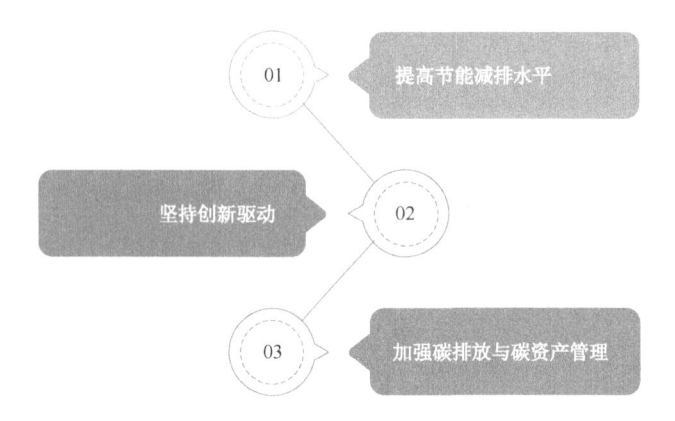

图 8-1 煤炭企业布局的 3 个方面

1. 提高节能减排水平

煤炭企业应从源头降低能源消耗，减少碳排放。在煤炭开采方面，煤炭企

业需要践行绿色开采战略,达到政府部门要求的绿色矿山建设标准。在施工过程中,煤炭企业需要优化施工方案,推进设备的节能改造,实现施工环节的节能降碳。在产品制造方面,煤炭企业需要采用精益生产、敏捷制造等制造技术,推进绿色制造。

2. 坚持创新驱动

绿色转型离不开技术的赋能,煤炭企业需要瞄准产业发展瓶颈,推动技术创新。在煤炭开采方面,企业要推动煤炭绿色开发技术创新,研发无煤柱开采、保水开采等绿色安全开采技术;在煤炭循环利用方面,煤炭企业需要研发新技术,将使用煤炭过程中产生的废弃物变成可利用资源,形成"资源—产品—资源"的循环。

3. 加强碳排放与碳资产管理

煤炭企业需要加强碳排放与碳资产管理。在这方面,煤炭企业需要做好以下3个方面的管理工作。

(1)碳排放核查管理。煤炭企业需要建立碳排放核查体系,通过数字化手段进行碳核查,通过碳足迹实行从原料到产品的全流程监管。

(2)碳减排技术管理。煤炭企业需要开发更先进的减排技术,优化工艺流程、生产管理过程等。

(3)碳交易、碳汇管理。煤炭企业需要建立碳交易预测及对冲机制,研究碳市场的政策、交易模式等,搭建基于碳资产管理的企业运营新模式,提升碳汇能力。

8.2.2 钢铁领域:将氢能融入冶金流程

钢铁行业的碳排放一直是行业治理的重点问题,在碳中和背景下,怎样走上一条"绿色钢铁"道路，是整个行业需要解决的问题。当前，钢铁行业的能源结构以煤炭为主，冶炼过程中会产生大量的二氧化碳。因此，减少钢铁冶炼环节的碳排放量，对钢铁行业的绿色低碳转型具有重要意义。

氢冶金是推动钢铁行业绿色低碳发展的重要举措。氢能是一种绿色低碳的二次能源，在高排放的冶金行业，氢能的利用是实现低碳发展的可行路径。氢能可以取代化石燃料用于高炉炼铁、烧结、石灰窑、轧钢加热炉等生产环节，由此实现低碳冶金。当前，氢冶金技术已经趋于成熟，可以有效改善高炉运行状况，提升能源利用率，减少煤炭使用量，降低碳排放量。

以河钢集团的氢冶金示范工程为例，该项目使用焦炉煤气方式制氢，再用氢气直接还原含铁原料，产出高质量的直接还原铁。其中，焦炉煤气为该企业生产过程中的副产品，本身就含有高比例的氢气成分，是一种可直接利用的氢能源。此外，焦炉煤气中约 15%的甲烷也可以通过高温转化生成一氧化碳和氢气。

氢冶金方式与电路炼钢流程的结合可以大大减少二氧化碳排放。和传统的炭冶金方式相比，氢冶金方式每年可以减少约 160 万吨二氧化碳排放。整个冶炼过程既实现了副产品废气的回收利用，也有效减少了碳排放，实现了企业的绿色低碳新转变。

8.2.3 石化领域：以脱碳为原则进行绿色生产

石化行业是我国交通能源和化工原材料的保障行业，在经济发展中发挥着重要作用，但石化行业会产生大量的二氧化碳。在碳中和目标下，碳减排成为石化行业一项紧迫的任务。

在碳减排实践方面，以脱碳为原则进行绿色生产是石化行业的重要发展方向，而绿氢的应用是石化行业实现脱碳的关键。所谓绿氢，指的是利用可再生能源燃烧得到的氢气。绿氢在燃烧时不会产生二氧化碳，能够从源头上实现二氧化碳零排放。

2022年4月，国家发展和改革委员会、国家能源局、工业和信息化部、科技部、生态环境部、应急管理部6部门联合发布了《关于"十四五"推动石化化工行业高质量发展的指导意见》（以下简称《意见》）。《意见》指出，要加快实现绿氢规模化应用，并多次强调了借助绿氢实现石化行业的节能减排。

事实上，石化行业一直是氢气的主要应用领域之一，但以灰氢（通过石化燃料燃烧产生的氢气）为主。而发展绿氢化工是实现石化行业深度脱碳的重要手段。例如，氢气被广泛应用于甲醇、合成氨的生产，而以绿氢代替灰氢进行这些产品的生产，可以有效降低生产过程中的碳排放。

可再生能源制氢与石化行业的协同合作是推动绿氢应用的重要模式创新，当前已经出现一些示范项目。2021年4月，宝丰能源"国家级太阳能电解水制氢综合示范项目"正式投产。该项目包括大规模的光伏发电装置及电解水制氢装置，每年可以减少大量煤炭消耗和二氧化碳排放。该项目所产氢气不仅能够与企业现有煤化工装置结合，实现生产过程中的节能减排，还能够凭借与城市氢能源示范公交线路协作，拓展应用场景。

未来，在政策的支持下，石化行业与绿氢产业的结合将更加深入，氢能产业模式也将不断创新。同时，随着绿氢制造成本的下降，绿氢应用规模也将进一步扩大。

8.3 智能工业：绿色制造的终极目标

当前，以绿色制造为核心的变革正在进行，制造业必须重视这一浪潮。未来，绿色制造将融入更多智能因素，在降低能耗、保护环境的基础上提高制造业的智能性，最终实现智能工业。

8.3.1 工业互联网助力高效制造

工业互联网指的是先进的信息通信技术与工业深度融合后形成的工业生态，能够通过人、机、物的全面连接，构建起覆盖全产业链的服务体系。工业互联网可以通过低时延、广覆盖的网络，实现工业领域全产业链的连接，推动工业领域数字化、智能化转型。而工业互联网在制造领域的深度应用，将带来制造业生产方式、商业模式等的深刻变革。工业互联网对于制造业的意义主要体现在以下几方面，如图 8-2 所示。

- 实现全产业链互联，构建全面互联的制造体系链
- 为制造业数字化、智能化转型提供载体，打造信息数据链
- 带动产业支撑体系发展，打造可控制造链

图 8-2 工业互联网对于制造业的意义

1. 实现全产业链互联，构建全面互联的制造体系链

工业互联网能够帮助原有制造体系打破时间、空间的制约，为跨企业、跨区域的网络化协同发展奠定基础。借助工业互联网，更广范围的协同研发、生产、营销等成为可能，这有利于各种创新资源与制造资源的高效匹配，优化产业协作模式，提升资源使用效率。

2. 为制造业数字化、智能化转型提供载体，打造信息数据链

工业互联网平台能够使制造业搭建起集数据采集、分析于一体的服务

体系。这一方面有助于形成智能化生产、预测性维护、资产优化等新生产方式，带动产业链降本提质增效；另一方面有助于推动基于数据的创新发展，催生制造新模式和新兴业态。在工业互联网平台的助力下，平台经济、共享经济等将在制造业中发展壮大，推动制造业产业链的延伸，提升产业链价值。

3. 带动产业支撑体系发展，打造可控制造链

工业互联网的发展，一方面可以推动制造业发展提速，推动工业自动化、工业设备等的迭代升级，促使操作系统、算法、数据资源等成为产业通用支撑要素，提升产业自主发展能力；另一方面可以推动制造业裂变出新兴产业，推动边缘计算、数字孪生等新兴领域的产业化。工业互联网在弥补制造业短板的同时形成对产业新链条发展的指引，提升产业链发展水平。

8.3.2 全流程应用工业大数据

工业互联网在制造业中的应用将产生海量的工业大数据。和其他互联网大数据注重数据挖掘与分析不同，工业大数据十分注重数据的目的性。工业大数据被广泛应用在制造业的多个环节中。

1. 设备故障分析、预测

在生产线中，生产设备持续受到的振动冲击会导致设备磨损老化，使设备容易产生故障。而当企业发现设备出现故障时，可能已经生产了很多不合格产品，甚至整个设备已经崩溃停机，从而造成巨大损失。如果能在故障发生前预测到故障，提前维修、更换将要出现问题的零部件，就可以提高设备的寿命，避免设备突然出现故障对生产线造成严重影响。

2. 生产线诊断

现代化的工业生产线中安装有大量的小型传感器，可以检测整条生产线的温度、压力、振动、噪声等，而且传感器每隔几秒就采集一次数据，从而形成庞大的数据库。这些数据可以帮助企业进行多角度分析，如能耗分析、质量事故分析等，全面诊断生产线的情况。

3. 产品销售预测和需求管理

用户与企业之间的交互、交易行为能够产生大量数据。挖掘和分析这些数据，能够帮助企业了解用户需求，推出更符合用户需求的产品。同时，海量的用户数据将为产品营销提供坚实的决策基础。大数据与营销的结合可以实现精准营销，帮助企业更好地服务用户，提高用户复购率。

4. 工业供应链分析与优化

当前，借助工业大数据提升供应链竞争力成为众多企业纷纷布局的重要方面。例如，京东通过工业大数据预测各地商品需求量，大大提升了配送和仓储的效能。工业大数据能够帮助企业获得丰富的供应链数据，从而凭借数据分析实现仓储、配送、销售效率的提升和成本的下降。

5. 生产计划与排程

制造企业往往采取的是多种类、小批量的生产模式，其中会产生大量精细化数据，数据体量暴增为企业合理安排生产带来了挑战。而工业大数据可以实现数据的整合和优化，通过智能算法制定科学的生产方案，并能够监控生产计划和实际生产的偏差，从而动态调整生产计划。

6. 生产质量分析、预测

在工业生产中，设备失灵、人员疏忽、原材料差异、环境变化等因素都有可能导致产品质量出现偏离，引发产品缺陷，给企业带来损失。而工业大数据可以针对整个生产链进行质量分析，减小生产中的质量误差。同时，工业大数据也能够实现质量与设备、人员、原材料、环境等各种数据的连接，聚焦质量管理，进行全面的数据分析，帮助企业提高产品质量。

8.3.3 推动绿色化、智能化协同发展

绿色与智能，一直是制造业发展的重要目标。强调绿色的目的是提升能源、原材料的利用效率，实现全球工业可持续发展；而强调智能的目的是提升生产效率，以及工业资源分配的合理性。而在制造业未来的发展中，绿色化与智能化将成为两大发展方向，共同推动传统制造业朝着绿色智能制造的方向转变。

绿色智能制造是碳中和目标实现的需要，也是绿色制造发展的必然选择。绿色智能制造更加贴合《中国制造2025》的要求。《中国制造2025》中强调了绿色智能制造的重要性，要求加大节能环保技术的研发力度，建构清洁、低碳的绿色制造体系。

在绿色化与智能化协同方面，晶澳做出了良好示范。

在绿色化方面，晶澳基于"环境友好，节约减排，高效持续发展"的理念，将低碳绿色制造发展成了自己的特色。

在生产基地中，晶澳利用闲置空地安装小型光伏电站，发展清洁电力，以减少二氧化碳的排放。此外，晶澳始终严格遵守废水处理的排放标准，安装废水治理设施，优化废水处理工艺，保证二氧化碳符合国家排放标准。基于以上工作，晶澳在绿色制造方面取得了一定成就，晶澳宁晋基地、邢台基地、包头基地等多个基地获得了工业和信息化部授予的"绿色工厂"称号。

在智能化方面，晶澳紧紧把握智能制造的潮流，以智能化升级加速企业转型进程。在硅片生产环节，晶澳生产基地依托生产分析系统，实现了对生产的实时监控和自动预警。在电池生产环节，晶澳生产基地依托产品质量分析系统，收集全部生产数据，搭建完善的质量管理体系。在电池生产设备方面，晶澳使用了多种高度自动化设备，实现了智能运作和监控。得益于高度智能化的生产制造体系，晶澳于 2021 年入选工业和信息化部"智能光伏试点示范企业"名单，义乌基地获得了浙江省"智能工厂"称号。

未来，在绿色化、智能化协同发展的趋势下，绿色智能制造将成为更多制造企业前进的方向，进而推动整个制造业的变革。

第9章

绿色农业：推动农业转型升级

绿色农业是一个广义的概念，其内容包括绿色动植物农业、白色农业、蓝色农业、环保农业、信息农业等多个方面。在日常生活中，人们主要将无公害农产品、绿色食品和有机食品合称为绿色农业。绿色农业符合当今世界的经济和环保发展趋势，是实现农业高质量发展的必经之路。绿色农业遵循可持续发展的原则，不仅可以保障人们的食品安全，还可以建设完整的绿色农业体系，实现人与自然的和谐共处。

9.1 从碳中和看绿色农业的内在逻辑

碳中和的核心理念是通过节能减排等一系列措施抵消人类各种直接或间接活动所产生的温室气体，从而实现"零排放"的目标。而绿色农业的可持续发展理念与这一理念高度契合，可以说，绿色农业是碳中和的重要组成部分。

9.1.1 弘扬绿色农业，护航食品安全

民以食为天，人们很早就认识到食物的重要性。只有解决了基本的生理需

求，人们才会有精力和时间创造更多美好的事物，追求更高层次的享受。因此，食品安全一直以来都是一个非常重要的话题。

传统农业为了提高产量，经常会使用过量的化肥和农药。这些化肥和农药一旦被农产品吸收，就很难被去除，而这些有害物质最终都会汇聚到人体内，危害人们的生命健康。而绿色农业倡导使用有机肥、科学施肥，严控农药使用次数与剂量，能够最大限度地减少农产品在生长过程中受到的污染。

此外，还有一些传统农业难以预防的病虫害会使农产品减产或感染病菌，一旦将其制成食品，最终受到伤害的还是人类自己。例如，美国曾有一款名为Maradol的木瓜造成了严重的沙门氏菌疫情，短短十几天就有170多人被感染。虽然已经知道出现问题的木瓜来自哪里，但由于没有办法追踪被销售的木瓜并召回，最终导致被感染的人越来越多。

但是在绿色农业中，相关部门和生产商可以通过大数据等技术的应用，采集相关数据，加强农产品供应链管理，从源头保证农产品的安全，防止食品安全问题的发生。例如，很多生产商都会在农产品外包装上贴一个二维码，消费者只需要扫描二维码就能够获得生产基地照片、农产品生产流程、生产商资质、农产品检验报告等信息。一旦食品出现问题，消费者就可以进行有效追责。盒马鲜生"日日鲜"系列农产品就采取了这一措施，让消费者能够购买到放心、安全的食品。

除以上措施外，绿色农业还加大了动植物检疫力度，严控外来病虫害疫情输入。同时，注重病虫害监测预警，建立科学观测站，将病虫害疫情扼杀在萌芽状态，严格保障食品安全。

9.1.2 乡村振兴离不开绿色农业

从古至今，乡村在我国经济社会发展中始终占有非常重要的地位，可以说乡村的富庶代表着经济发展形势良好。但随着城镇化进程的加快，越来越多的人从乡村涌进城市，曾经热闹的村子逐渐安静下来，在农业发展过程中暴露出来的问题也越来越多。

为了促进乡村振兴，我国提出了乡村振兴战略，希望能够建设"产业兴旺、生态宜居、乡风文明、治理有效、生活富裕"的新乡村。而乡村振兴战略的实施离不开农民，更离不开绿色农业。

首先，传统乡村中土地抛荒、土地交易受限等问题严重阻碍着乡村的发展进程。而绿色农业倡导可持续发展，提倡人与自然和谐相处。绿色农业采取科学利用土地的措施，例如，第 1 年种植玉米的耕地在第 2 年可以种植白菜，第 1 年种植红薯等根茎类作物的耕地要在第 2 年多施肥。同时，绿色农业倡导有效利用土地，例如，发展旅游业的乡村可以将部分耕地用于旅游开发。

其次，由于城镇化和人口老龄化的影响，乡村人口大量减少，同时教育资源匮乏导致村民的知识层次低、创新能力弱，缺乏高素质人才。而绿色农业通过招商引资，设立大量工作岗位吸引大批流出人口回流，带活乡村经济。例如，建设智能大棚、发展乡村旅游等措施，都能够创造大量新就业岗位。

最后，传统乡村生活的品质不高，日出而作、日落而息是很多村民生活的全部。而绿色农业要建设完整的农业产业链，为乡村发展提供产业支撑和方向，促进乡村经济发展。例如，四川省通江县的熊某返乡创业，利用闲置耕地带领村民打造葡萄园，最终建成了年产千吨的葡萄酒生产线，打造了产、供、销三位一体的产业链，带领村民脱贫致富。所以说，乡村振兴离不开绿色农业。

9.1.3 农业可持续发展与碳中和同路

碳中和强调减少温室气体排放，实现人与自然可持续发展。传统农业中的动物养殖业是碳排放"大户"，在全球碳排放总量中，约有 25% 来自食物生产，而在食物生产中，约有 60% 的碳排放来源于动物养殖。根据相关统计，牛、羊等反刍动物产生的温室气体最多,除动物本身会产生碳排放外,饲料的种植、加工等环节也会产生大量温室气体。

要想减少碳排放,首先就要从动物养殖和饲料的生产及使用方面入手。例如,某牧场采用先进的人工智能技术管理牛群,能够提高牛的生产性能和单产水平,减少温室气体的排放。研究发现,当牧场中出现人类时,牛会感到紧张,会对牛肉、牛奶等农产品的生产产生负面影响。而如果采用人工智能技术管理牛群,养殖者即使不出现在牧场中,也能够准确获知牛群信息。

通过智能牛脸识别,人工智能能够轻松锁定每一头牛的位置,经过深度学习后,还能够分辨牛的情绪状态、进食状态和健康情况等信息。一旦某头牛出现了问题,人工智能能够及时向养殖者发出提醒,使问题及时得到处理。

荷兰人工智能创业企业Connec Terra开发的智能奶牛监测系统以谷歌的开源人工智能平台Tensor Flow为基础,利用智能运动感应器Fit Bits获取奶牛的运动数据,进而分析每头奶牛的健康状况,提高单位产奶量。

除此之外,作为动物养殖业中的另一主要碳排放来源,饲料的生产与使用也必须进行优化,以提高饲料的转化率,最大限度地减少资源浪费和污染。例如,每头奶牛原本吃5千克普通饲料才能生产1千克牛奶,但在改良牧草品种后,加工出的饲料富含奶牛产奶所需的营养物质,每头奶牛只需要吃3千克饲料就可以生产1千克牛奶,大大减少了资源浪费,提高了饲料的使用效率。

9.1.4 甘肃张掖:打造生态循环农业

甘肃张掖地处西北内陆,水资源尤为匮乏,在过去的很长一段时间里,张掖的农业发展都十分落后。但在乡村振兴战略实施以后,张掖认真贯彻落实了每一项农业发展专项计划,坚持把绿色农业作为发展主流,大力推广节约型农业技术,打造张掖本地的生态循环农业模式。

1. 建设绿色生态农产品生产加工基地

张掖集中打造 11 个千亩戈壁农业示范园，着力打造优质肉牛、绿色有机蔬菜两大产业体系，集中培育张掖独特、优秀的农产品品牌。2020 年，张掖全市蔬菜种植面积达 57.59 万亩，在扩大加工基地、提高生产量的同时实现了质量的大幅提升。

2. 推广绿色生产技术

张掖大力推广科学施肥措施，提倡测土配肥，用有机肥替代化肥，利用蛙类、鸟类等生物进行绿色病虫害防控，同时禁止使用危害极大的农药，提高农药的利用率。2020 年，张掖全市有机肥使用面积达 45.78 万亩，水肥一体化累计面积达 93.67 万亩，农药利用率达到 39% 以上。在绿色生产技术的加持下，全市农产品检测合格率为 99%。

3. 农业废弃物循环利用

畜牧业的粪污等废弃物处理一直是一个大问题，张掖采取粪污肥料化的模式，将动物粪污循环利用，减少环境污染和资源浪费。2020 年，张掖的畜牧废弃物综合利用率达到 75% 以上，秸秆饲料利用率达到 64% 以上。同时，张掖还禁止使用传统超薄膜，推广降解膜，鼓励旧膜回收加工，减少土地污染，确保绿色生产。

4. 推进乡村多产业融合发展

张掖当前拥有现代新村、历史古村、特色民居村等多个发展旅游业的中国美丽休闲乡村，同时建立了油菜花景观、草原景观等多个适宜旅游的景点。通过农家乐、采摘园、放牧体验等具体措施促进了乡村旅游业的发展，打通了一、

二、三产业的融合通道，加快形成多点支撑的乡村旅游格局。生态循环农业模式能够促进农民持续稳定增收，实现经济、生态和社会效益共赢。

9.2 建设完善的绿色农业体系

随着时代的进步，传统的靠天吃饭已经成为过去式。互联网、物联网等多种技术的应用使灌溉、施肥、种植等多个环节都简单了许多。但是，农业污染、耕地问题和农业产业链不完善等问题依然存在，亟待解决。

9.2.1 控制农业污染与增产不冲突

在现代农业生产中，化肥和农药扮演着重要角色。很多农民为了提高农作物产量，过量使用化肥和农药，这很容易造成环境污染，甚至危害到人体健康。近年来，由于化肥、农药的滥用，很多耕地都出现了严重的土质恶化、肥力下降等问题，农作物的产量受到了很大影响。

此外，由于农作物产量、质量的下降，农民会陷入使用大量化肥、农药——农作物产量、质量下降的恶性循环，对环境造成进一步破坏。

传统农业使用的农药主要包括以下 3 种。

（1）有机磷类农药。有机磷类农药含有磷元素，对于防治病虫害来说十分有用。但它也是一种神经毒物，一旦人体吸收过量，就会引起语言失常、神经功能紊乱等中毒症状，甚至导致死亡。

（2）拟除虫菊脂类农药。拟除虫菊脂类农药是一种毒性较大的杀虫剂，能够经由皮肤、呼吸道等进入人体，导致呼吸循环系统衰竭，最终致死。

（3）有机氯农药。有机氯农药含有有机氯元素，它可以囤积在人体脂肪中，能够通过母乳传给婴儿引发病变，也很容易导致胎儿畸形。

工业化肥中含有的多种有毒元素都可以经由水、气体等进入人体，并囤积在某个部位无法排放出去，一旦蓄积量达到中毒标准就会造成不可挽回的后果。除此之外，这些有毒物质还会渗入土壤、水源，破坏生态系统，引起其他动植物病变或死亡。

而绿色农业则倡导科学施肥。通过对不同区域的土壤进行分析，根据农作物种类的不同，配比氮、磷、钾等元素的用量，平衡施肥，提高农作物产量。同时，绿色农业还提倡使用有机肥，因为有机肥的本质以生物碳为主，在加工过程中已经除去了有害物质，所以有机肥能够为农作物提供全面营养，并且改善土质。此外，在施用复合肥之后，为了平衡肥料中的养分供应，农民还可以继续适量施用微量元素，提高农作物产量。

9.2.2　耕地保护：稳定数量+提高质量

无论是在传统农业还是在现代农业中，耕地都是农业生产中最重要的资源。特别是对于我国来说，用占世界耕地面积 9% 的耕地养活了世界上 20% 的人口，所以我国要坚守 18 亿亩耕地红线，严格执行耕地保护措施，不仅要稳定耕地数量，还要提高耕地质量。

很多被闲置的耕地要么是由于先天自然条件差，如土壤肥力低、地形陡峭等，导致被闲置，要么是由于曾经遭受过污染而被闲置。针对这两种情况，乡村可以采取以下措施。

（1）针对自然条件差的耕地，首先，可以依据其缺陷进行针对性改善，如治理水土流失、植树种草巩固土壤等；其次，要依据国家标准来种植闲置耕地；最后，种植闲置耕地必须遵循科学的方法。

（2）针对被污染的耕地，首先，要依据前期调查制订针对性的修复计划，不要盲目修复；其次，通过政府和社会等多个途径来募集修复资金；最后，从可持续发展和绿色生态角度入手，聘请专业人员修复耕地，使被修复耕地能够最终达到正常耕地的水平。

在乡村中，还有很多由于各种原因而被闲置的宅基地，对于有条件复垦的闲置宅基地，可以按照相关流程恢复其耕地性质，按照要求开展复垦工作，建设配套设施，按照因地制宜的原则经营复垦耕地。

而对于没有复垦条件的闲置宅基地，乡村一方面可以将其作为农家乐、民宿等经营场地，开展多样化经营，为村民创收；另一方面可以拓展其招商引资的融资功能。

无论怎样，我国都要上下一心，坚守18亿亩耕地红线。当然，这18亿亩不仅是普通的耕地，还要是高质量的好耕地。

9.2.3　打造低碳农业产业链

近年来，"零碳"农产品已然成为一种新的潮流。"零碳"农产品代表该农产品在生产过程中产生的温室气体量小于零或等于零。我国将打造绿色低碳农业产业链，推动绿色农业快速发展、低碳发展，让绿色低碳农产品丰富百姓的菜篮子。

1. 加大绿色农产品供给

近年来，我国出台了一系列政策，主要目的都是推进农业绿色发展。首先，加大财政资金支持力度，让每一分钱都花到实处；其次，重点支持农作物的绿色高效生产，保护耕地，提高耕地质量；再次，加快农业废弃物的循环利用，实现种植业、渔业、牧业、林业等全方位资源循环利用；最后，加快引进高素质人才，用互联网、物联网等先进技术为传统农业赋能，不断突破农业发展技术瓶颈，优化农业产业链管理模式，生产与市场需求相匹配的绿色农产品。

例如，盒马旗下的有机山茶油就率先实现了碳中和目标，它也是广东省首个碳中和食品。盒马的有机山茶油在原材料种植过程中不使用化学肥料和农药，坚持使用有机肥及特殊肥料。在采摘、加工过程中，采用先进的数字化设备，最大限度地降低碳排放量。最终使有机山茶油消耗的温室气体与产生的温室气体达到平衡，实现真正的零碳排放。

2. 降低农业碳排放量

农业是全球碳排放第二大来源，其中包括：农业生产活动中的化肥、农药等物品的使用；畜牧业中的动物自身所产生的甲烷等温室气体，以及饲料生产、使用过程中产生的多余碳排放量；耕地土壤中释放的含氮气体、水稻等作物产生的甲烷；农业废弃物处理过程中所产生的碳排放量，如焚烧秸秆等。

而利用各种先进设备和大数据分析，可以有效针对各种动物在生长过程中出现的问题提供专属饲料，使动物在活动过程中减少温室气体排放，同时提高饲料的有效率，进一步实现动物养殖效率和优质养殖之间的平衡。通过这一系列精准畜牧养殖工具及技术的使用，打造全流程低碳畜牧业产业链。

9.2.4 湖北：研发水稻低碳丰产栽培技术

湖北自古以来便是我国优质水稻产区之一。近年来，湖北响应国家"打造绿色低碳农业产业链"的号召，研发出一系列水稻低碳丰产栽培技术。

1. 稻虾周年培肥与耕作技术

水稻种植业与小龙虾水产养殖业能够很好地结合在一起，降低土壤容重。合理的分段水位调控等措施能够促进小龙虾的生长，同时水稻田能够为小龙虾提供食物和栖息场所，小龙虾也可以帮助水稻清淤排气、清理害虫。二者相结合能够缓解化肥、饲料等造成的污染问题，实现稻虾周年低碳丰收。

2. 厢作免耕技术

厢作免耕技术是一种节水集成技术。选取优质杂交水稻进行定格抛种，在播种前1周对苗床进行除草、翻耕和开厢处理，并以有机肥水为主，将苗床灌溉到饱和状态，最后进行播种。移栽后，在水稻的全生长期要实行"浅水灌溉，节水栽培"的方法，并且按照一定规格进行开厢，如果想要种植再生水稻，就要将当年收割的稻草铺在厢沟内腐熟。在次年确定栽秧水位后，先施底肥，再将之前的腐熟稻草刮上厢面，整平后就可以进行正常的栽秧流程。

3. 秸秆还田技术

秸秆还田技术是当今处理废弃秸秆的一种普遍措施，把不宜直接作为饲料的水稻秸秆堆积腐熟后埋入土壤，不仅可以避免以前直接焚烧秸秆造成大气污染，还可以改良土质、培肥地力、加速生土熟化，使下一茬水稻能够更高产。

除以上几种技术外，据相关人员介绍，他们还研发了"垄作免耕""控灌增氧""病虫草害绿色防控减药"等多种绿色低碳丰产水稻栽培技术。

近3年，绿色低碳水稻栽培示范区实现了增产5.6亿千克、节本增效6.03亿元。农药、氮肥、水分用量都大大减少，平均每年的甲烷排放量减少了3.6万吨，为碳中和作出了杰出贡献，同时大大提高了湖北水稻的市场竞争力。

9.3 农业数字化产物——农业电商

电商是近年来新出现的互联网发展的产物，其与农业的结合能够有效加快传统农业转型的步伐，使传统农业能够得到数字化赋能。农业电商不仅缩短了消费者购买农产品的路径，还促进了传统农业的转型与升级，激活了乡村的发展动力。

9.3.1 如何零基础做好农业电商

很多农民在接触电商之前对于互联网是一窍不通的,特别是一些上了年纪的农民,种田几乎就是他们生活的全部。那么,究竟如何让这些零基础的农民也能做好农业电商呢?答案如图9-1所示。

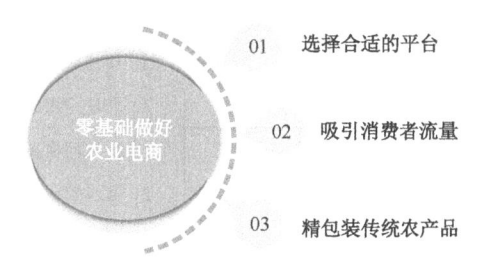

图 9-1 如何零基础做好农业电商

1. 选择合适的平台

对于销售农产品来说,电商的成本更低,还能扩大销售范围,不受时间和空间的限制。而且,电商广告营销方式多种多样,更容易吸引消费者。那么,农业电商运营者究竟该怎样选择合适的电商平台呢?

首先,对比综合类销售平台。综合类销售平台客源多、流量大、商品种类齐全。以淘宝、京东为例,如表9-1所示。

表 9-1 综合类销售平台的对比情况

	淘宝	京东
优点	1. 财力雄厚,基础设施完善 2. 大品牌多,流量大 3. 准入门槛较低	1. 自营商品有厂商返利 2. 能够通过货款账期获利 3. 可与供货商议价 4. 京东自有物流有保障
缺点	1. 卖家多,竞争激烈 2. 推广和运营成本高 3. 商品品控有待加强	1. 商品种类较少 2. 毛利率较低 3. 没有其他领域业务支持

其次，对比直播类销售平台。相较于综合类销售平台，直播类销售平台的引流能力更强，提供的服务更加个性化。以受众较为广泛的淘宝直播和抖音直播为例，如表9-2所示。

表9-2 直播类销售平台的对比情况

	淘宝直播	抖音直播
优点	1. 平台流量大，毛利率较高 2. 消费者转化率高 3. 配套服务完善	1. 平台流量大，受众广 2. 引流成本低 3. 聘请主播成本较低
缺点	1. 聘请主播成本高 2. 引流成本高 3. 准入门槛高	1. 准入门槛高 2. 起步较困难 3. 平台运营能力弱

最后，对比社交类销售平台。社交类销售平台相比其他两类平台，传播范围更广，影响力更大。以拼多多和小红书为例，如表9-3所示。

表9-3 社交类销售平台的对比情况

	拼多多	小红书
优点	1. 准入门槛低 2. 下沉市场用户多 3. 消费者裂变速度快 4. 支付方便 5. 腾讯对其大力支持	1. 主打用户体验分享，口碑好 2. 引流费用较低 3. 入驻大品牌和明星较多 4. 目标消费者群体明确
缺点	1. 商品品质良莠不齐 2. 活动五花八门 3. 监管服务有待完善	1. 准入门槛高，非企业不能入驻 2. 对商品的质量严格把关

2. 吸引消费者流量

运营是做好农业电商的关键，因为不管选择哪种销售平台，最终都需要吸引消费者购买自己的商品。运营的本质就是吸引消费者，增加消费者流量。那么，该如何吸引消费者流量呢？具体如图9-2所示。

吸引消费者流量
- 填充内容引流
- 填充产品引流
- 优化用户体验
- 拓展引流渠道
- 加强物流配送

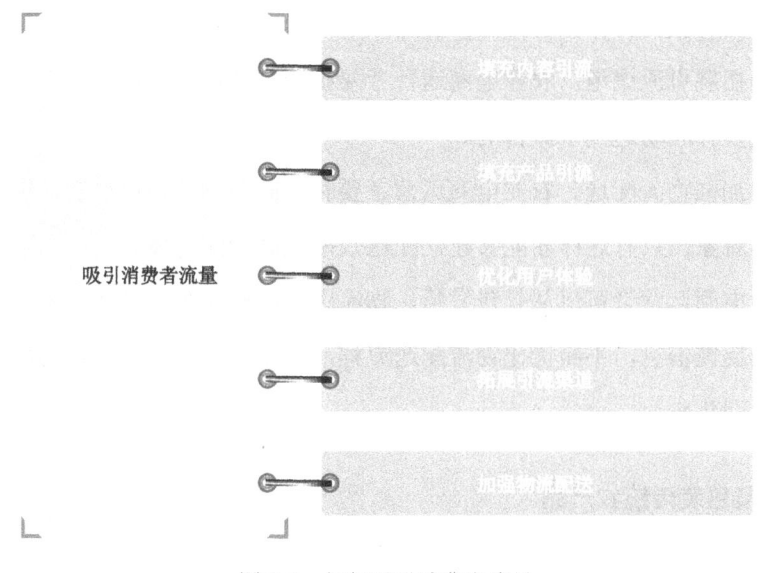

图9-2　如何吸引消费者流量

（1）填充内容引流。农业电商运营者要做好电商官网的内容建设，并且要制定运营制度与流程，例如，年目标、月目标和周目标分别是什么，以及如何实现这些目标。同时还要重点关注各种促销活动，将促销活动的优势发挥到最大。

因此，农业电商运营者需要充分了解团队所拥有的资源，同时要结合自身实际情况与市场竞争情况，注意同行业竞争者的举动，从短期和长期角度出发制定多套引流方案。

（2）填充产品引流。农业电商运营者要及时制订产品更新计划，并且要做好充分的市场调研，对尾货处理、季末销售等都做好详细的规划，同时跟进农产品的销售情况，以此制定库存管理方案。

（3）优化用户体验。农业电商运营者要定期优化网站的效果，提升消费者的使用体验。如果消费者付款时需要等待一两分钟，那么势必会给消费者带来不好的购买体验，影响销售结果。优化用户体验的主要目的是让消费者自发地为产品、品牌做宣传，吸引更多流量。

（4）拓展引流渠道。农业电商运营者要积极与其他线上、线下平台开展合作，通过多种联动达到引流目的。

（5）加强物流配送。农业电商运营者要和不同的物流公司洽谈，以确定合作的最佳对象，只有这样才能够建立配送效率最高的配送体系。

农业电商运营者可以从打包发货、物流跟踪、配送时效等环节入手，结合消费者的反馈信息，不断优化物流配送流程，给予消费者良好的购物体验，提升消费者回头率。

3. 精包装传统农产品

俗话说，人靠衣服马靠鞍。很多人认为农产品就是沾满泥土、随便装在塑料袋子里的初级产品，实际上，农产品在精包装之后也能够成为高端产品。

农业电商运营者要注重农产品包装的风格、颜色与图案，例如，高纯度、鲜艳、明快的颜色更容易受到消费者喜爱，特别是在节日期间很受欢迎。但农业电商运营者也要注意包装的风格，不要过于花哨，显得没有档次。同时，农业电商运营者还要注意包装的材料与工艺，尽可能选择可回收、可降解的绿色包装，让消费者一眼就能注意到该包装，从侧面加深对农产品的好感。

9.3.2　打造独特的农业品牌

农业电商销售的大多是初级农产品，如土豆、红薯、水果等。打开任意一个电商平台搜索这些商品，都会涌现出大量商品信息。面对市场日益饱和、商品日趋同质化的局面，要想从激烈的竞争中脱颖而出，农业电商运营者就要打造属于自己的独特的农业品牌。

打造独特的农业品牌的步骤如图9-3所示。

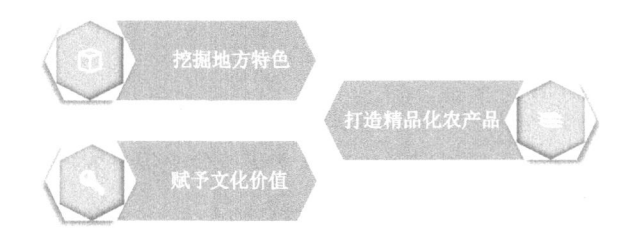

图 9-3　打造独特的农业品牌的步骤

1. 挖掘地方特色

我国地域辽阔，每个地方都各有特色，农业电商运营者可以充分挖掘地方特色，将地方特色和自己的品牌结合起来，进行艺术化加工并通过网络传播出去，传递给潜在的消费者。例如，某乡村的定位是江南水乡古镇，乡村中的农业电商运营者就可以在产品宣传内容中突出产品具有地方特色，质优价廉。

2. 打造精品化农产品

首先，消费者愿意为农产品付出高价的前提是他们认为值得。试想：普通的苹果怎么能够卖出 60 元/斤的高价？如果是精心包装的高质量苹果礼盒，几百元的价格也会有人买单。高档的农产品通常具有健康、美味、包装精美的特点。

其次，将农产品品类进行细分，钻研某一细分品类才能更好地和其他竞品拉开差距。例如，鸡蛋分为红皮鸡蛋、白皮鸡蛋，前者壳厚、个大、易储存、颜色喜庆，常被用于送礼，因此价格也较高；后者个小、壳薄、易煮熟，因此常被消费者买来供自家食用。

最后，要寻找合适的销售平台。不同价位的商品要在不同档次的销售平台上售卖。例如，白皮鸡蛋更适合拼多多这类深耕下沉市场的销售平台，而红皮鸡蛋更适合在京东这类平台上销售。如果将红皮鸡蛋加以包装，甚至可以在小红书等高档销售平台上售卖。

3. 赋予文化价值

农业电商运营者可以通过赋予农产品文化价值来提升农产品的档次。

例如，柳州市鱼峰区将区域内的农产品销售与二十四节气传统文化相结合，既卖出了农产品，又带动了当地文旅产业发展。鱼峰区位于柳州市东南部，区域内生产豆角、竹笋和木耳等农产品。在 2020 年"文化和自然遗产日"当天，鱼峰区举办了一场"寻味芒种"的活动。游客可以在渔船上品尝糯玉米、酸豆角等特色食品，还可以观看五色饭等传统美食的制作过程，有趣的活动吸引了上万名游客。这一活动成功提高了当地农民的收入。

农业电商运营者还要善于利用多种营销方式，在互联网时代将自家特色农产品宣传出去，吸引潜在消费者慕名而来。例如，"蜀中桃子姐"的账号博主原本是一个普通的农村妇女，其弟弟将她日常劳作的视频拍下来，剪辑后上传到网上，吸引了众多粉丝。"桃子姐"顺势推出大头菜、钵钵鸡调料等农产品，深受粉丝喜爱。"桃子姐"还带动了全村的农产品销售，很多农产品加工厂找上门来洽谈生意，为村民们增加了不少收入。

9.3.3 进一步完善农产品流通体系

农产品流通即农产品通过交易从生产领域进入消费领域的过程。农产品流通对于农业电商来说是非常重要的一环，由此也催生了农产品经纪人这一新兴职业。

农产品经纪人主要关注农业生产状况和农业市场需求，是连接农民和市场的桥梁。农产品经纪人背后是农产品流通企业，这些企业在保证农产品稳定、高效流通和农产品质量方面作出了巨大贡献，对于推动绿色农业发展、乡村振兴有着重要作用。

很多消费者通过电商平台购买农产品是为了吃到新鲜的食物，所以加速农产品流通十分重要。特别是对于一些含水量高、保鲜期短的农产品来说，时间就是质量。相关数据显示，我国农产品在物流环节的损耗率高达30%，因此进一步完善农产品流通体系刻不容缓。

农产品流通企业必须不断升级物流技术，进一步提升运输效率。农产品流通企业可以通过人工智能、物联网、5G等先进技术对农产品的整个流通过程进行全方位监测和追踪，降低农产品损耗率。同时，农产品流通企业还要对冷藏设备进行升级，优化运输路线，力求在最短的时间内将新鲜的农产品送到消费者手中。

除物流运输环节外，农产品的采摘与存储环节对于完善农产品流通体系也至关重要。种植业经营者可以通过智慧大棚、高机械化收割机等设备提高农产品的收获率，减少种植、采摘过程中的损失。畜牧业养殖者可以使用智能设备提高生产率，例如，使用挤奶机器人挤牛奶，可以显著提高原奶生产效率。

在存储环节，农业电商运营者可以使用低温绿色冷藏设备，这样既能够保持农产品的新鲜度，也能够减少冷藏设备的损耗。并不是冷藏温度越低就越有利于保持农产品的新鲜度，农业电商运营者可以使用能够智能调节温度的设备，将最新鲜的农产品送到消费者手中。

农业电商实际上是利用互联网在种植户、养殖户等农产品生产者和消费者之间搭建起一座桥梁，减少中间商环节。这是农产品流通领域的重大变革，能够实现买卖双方的双赢。

目前，我国农业电商主要包括网上期货交易、期权交易、农产品网络零售与批发、农产品线上展销会等形式，每一种交易形式都离不开农产品流通体系。因此，进一步完善农产品流通体系任重而道远。

9.3.4 浙江海宁：农业电商领域的佼佼者

海宁市是浙江省嘉兴市下的一个县级市，地域面积虽然小，却是我国著名的皮草城市。自国家大力支持农业电商发展以来，海宁积极响应号召，一直努力推动当地农业电商的发展。2021年，海宁的网店数量已经突破两万个，直接解决两万多个就业岗位，线上年销量突破600亿元。海宁是浙江省首批电子商务示范市，荣获"浙江省电子商务创新样本"的称号。

海宁的农业电商模式立足"三个一"，着眼"三个新"，打造"三个优"。

1. 立足"三个一"

（1）绘制一幅农业电商发展蓝图。为响应国家号召，推进农业电商的发展，海宁出台了一系列政策，同时投入大量资金打造电商基础设施，修通村到镇的公路，改善运输条件，大力扶持符合标准的电商企业发展。

（2）培养一支电商人才队伍。海宁政府为各类电商培训机构与电商企业的合作牵线，同时与各类职业技术院校、大专院校等高校建立电商人才培训基地，培养有知识、懂技术的电商人才。此外，海宁还邀请电商行业相关专家和讲师为从业者授课，传递农业电商发展新趋势与新知识，让农村与国际接轨。

（3）搭建一批网络交易平台。海宁的皮革、经编和家纺三大产业赫赫有名。海宁通过打造网络交易平台，实现线上线下联动，扩大产品销售范围，突破时间和空间对交易的限制。

2. 着眼"三个新"

（1）拓展农业电商应用新领域。农业电商不仅有助于农产品在线上售卖，还对外贸、文旅等领域的发展有很大的推动作用，助力各行各业平稳发展。

（2）开辟农业电商新阵地。海宁的水陆交通极为便利，生态资源良好，是浙江省重点扶持的县级市。在海宁搭建电商平台，能够为农产品在线上销售创造良好的环境。

（3）营造农业电商发展新氛围。海宁成立了电子商务协会，定期举办各类农产品展销会、农业电商培训等活动。同时，还加强农业电商信息统计和采集，不断营造农业电商发展氛围。

3. 打造"三个优"

（1）建造优质电商园区。海宁临近杭州，具有电商区位优势，海宁的电商园区以城市为中心，呈辐射状带动周边村镇发展。

（2）培育优秀龙头企业。海宁支持实体企业开办网店，建设线上销售渠道，向"品牌运营+线上销售+标准化生产基地"的模式转型。

（3）构建优质服务体系。海宁引入第三方服务平台和服务商，完善自己的农业电商服务体系，同时依托皮草等产业集聚的优势，进一步提升农业电商服务水平。

海宁充分利用自己的区位优势、政策优势、生态优势，积极搭建适合自己的农业电商体系，将传统的农产品通过网络平台传播出去，不仅为农民创收，还提高了当地的经济发展水平，成为真正的农业电商领域佼佼者。

第10章

绿色金融：开启金融新生态

绿色金融指的是与环境改善、资源高效利用等相关的经济活动，如对节能环保、绿色交通等领域的项目投融资、项目运营等提供的金融服务。绿色金融可以开启金融新生态，有效促进环保和社会的可持续发展。

10.1 绿色金融赋能碳中和

绿色金融对于实现碳中和目标具有重要意义。实现碳中和目标的过程是绿色低碳经济体系形成的过程。金融作为实体经济的重要支撑，可以通过制度创新，引导更多资本流入绿色低碳领域，为实现碳中和提供多元化的金融服务。

10.1.1 绿色金融有何战略意义

从长远来看，绿色金融对于社会发展具有重要意义。其战略意义主要体现在以下两个方面。

一方面，绿色金融是实现碳中和目标的关键支撑。当前，气候变暖已经成为社会发展的重要挑战,而绿色金融是减缓气候变暖的重要手段。绿色金融可以引导资金流向开发资源节约技术、保护生态环境的产业,引导企业重视绿色生产。随着绿色发展理念的明确,以及绿色金融基础设施的完善,绿色金融体系也在不断发展,例如,绿色信贷、绿色证券等都得到了发展。

绿色金融是深化供给侧改革的重要方面。碳中和是一项长期、系统的工作。深化金融供给侧改革、发展绿色金融,是实现碳中和目标的关键途径。绿色金融是实现金融改革的重要手段,肩负着提高现代金融体系适应性的重要职责,同时能够为探索绿色道路和新的经济增长点汇聚强劲动力。

另一方面,绿色金融有助于推动社会经济的发展。当前,我国经济正处于高质量发展阶段,需要提供多样化的优质生态产品,满足人们对优美生态环境、生态可持续发展的需要。这需要推动经济发展方式转型,优化产业布局和发展效益,形成以绿色创新为主的现代产业体系。而这离不开绿色金融的协助,需要通过对绿色金融发展目标、机制的深度改革,满足社会新的发展需要。

同时,绿色金融有助于提高社会治理能力。金融是经济社会发展的基本要素。在经济社会中,金融是重要的媒介,可推动社会经济的运行。绿色金融能够调控人与生态环境、经济生产过程,这既可以降低经济社会的治理成本,又可以提高社会环境治理的效率。

总之,绿色金融能够在社会生态、社会经济运行中发挥重要作用,在碳中和目标实现和推动社会经济发展方面具有重要意义。

10.1.2 构建绿色金融体系的要素

实现绿色金融需要政府、监管机构、金融机构等多方参与。具体而言,绿色金融体系的构建离不开以下几个要素,如图10-1所示。

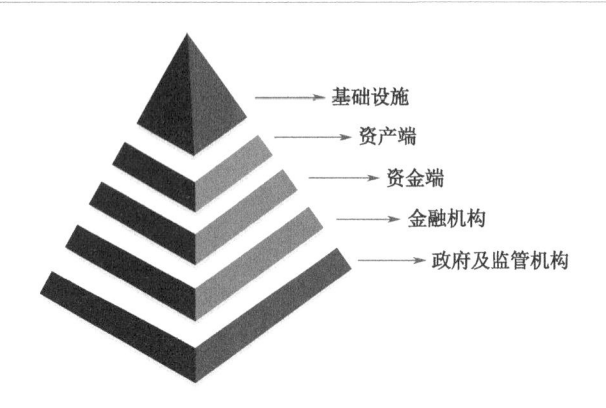

图 10-1 构建绿色金融体系的要素

1. 基础设施

绿色金融体系的基础设施包括以下几个方面。

（1）标准与数据基础：清晰的、分级的绿色认证标准，健全的认证及追踪流程、信息披露机制。

（2）绿色数据采集基础设施：完善的绿色数据采集基础设施能够实现对绿色资产的认证、评级、监控。

（3）交易平台：以平台打通跨境资金绿色投资通道，实现境外资金和绿色资产的对接。

2. 资产端

基于完善的基础设施，优质的绿色企业或项目能够被有效识别。同时，通过完善的绿色追踪机制，绿色资产也能够得到监控。

3. 资金端

金融机构凭借自身投融资能力，调动各类主体和多种长期低成本资金进入绿色金融领域。长期低成本资金包括国家财政资金、政府补贴、金融机构的低成本资金、商业金融机构（银行、证券、基金等）的长期资金、个人投资者的零售资金等。

4. 金融机构

金融机构凭借强大的产品能力，可通过绿色信贷、绿色债券等多种投融资解决方案，为实体经济提供服务，同时把控风险，提升综合收益。

5. 政府及监管机构

绿色金融体系离不开政府及监管机构的支持。资产端、资金端、金融机构都需要相关政策的支持，也需要相关监管机构的监管。

10.1.3 金融机构需要哪些绿色金融能力

碳中和目标的实现将带来一场广泛而深刻的社会变革，对现有模式造成冲击。在这个过程中，金融机构的挑战与机遇并存。

从挑战方面来看，实体经济在进行绿色低碳转型时，可能会形成大规模的"搁浅资产"，导致金融机构面临资产估值下降或成为坏账的风险，加大金融风险防控的压力。从机遇方面来看，碳中和战略能够催生新模式，带来巨大的绿色项目投融资需求，由此带来巨大的金融服务空间。基于此，与碳中和战略相关的绿色金融业务将快速发展，迎来新的增长点。

未来，金融机构在发展绿色金融方面存在巨大空间，可以从以下4个方面进行布局。

（1）强化战略指导作用，加强绿色发展的制度保障。金融机构需要积极践行ESG理念，将实现碳中和目标作为重要战略，持续完善绿色金融体制，提升业务治理、风险治理水平。

（2）提升对绿色产业的支持力度，推动绿色产业化、产业绿色化。金融机构需要积极进行绿色金融研究,推动资金流向绿色建筑、绿色交通等绿色产业,不断提升绿色资产比重,为碳中和目标的实现提供助力。

(3)加快服务模式创新,升级绿色金融服务能力。金融机构需要积极探索绿色金融产品、服务模式等,围绕绿色场景打造全流程绿色金融服务体系,强化体系化的绿色金融服务能力。

(4)积极参与碳市场建设。金融机构需要探索碳排放权抵质押融资、绿色债券、碳资产证券化等碳市场相关金融产品,为构建多层次碳金融市场提供助力。

当前,在提升绿色金融服务能力方面,不少金融机构已经开始了实践。以浦发银行为例,其作为一家上海金融旗舰企业,始终将自身发展战略与国家战略融合在一起。基于碳中和战略,浦发银行积极推进碳中和转型,打造绿色银行。同时,在绿色金融体制构建方面,浦发银行成立了绿色金融业务推进委员会,积极提升绿色金融业务服务质量和效率。

在碳中和趋势下,未来将有更多金融机构瞄准绿色领域,打造多样化产品,加速自身向绿色金融机构转型,提升自身的绿色服务能力。

10.2 发展蓝图:如何实现绿色金融

实现碳中和目标离不开绿色金融的支持,而在发展绿色金融方面,一些金融机构还有很长的路要走。金融机构需要适当加大绿色信贷投放力度,明确自身绿色金融定位,积极转型。当前,已经有不少金融机构在绿色金融方面做出了尝试,推出了多样的绿色金融产品。

10.2.1 适当加大绿色信贷投放力度

2022年10月,不少银行相继披露了前三季度的绿色贷款情况。整体来看,前三季度各银行纷纷提高了绿色信贷的投放力度,显示出了高速增长的态势。高速增长的绿色信贷规模、稳步发展的绿色金融进程将促进碳中和目标的实现。

工商银行积极进行信贷布局,将目标对准以新制造、新服务、高技术客群为重点的公司,绿色贷款余额、增量都排在市场第一位。其中,和2022年初相比,绿色贷款增长了约9500亿元,增幅达34.0%。

截至2022年9月,中国进出口银行绿色信贷余额突破4200亿元,和年初相比,新增780亿元,增幅达22.81%。该银行瞄准清洁能源、绿色制造等领域,不断加大资金投入,为一大批水电、光伏、智能电网项目提供了资金支持,帮助企业进行生产线绿色低碳改造,支持获得节能低碳认证的绿色产品进出口。

此外,和2022年初相比,中国银行绿色信贷增长幅度约为36%;建设银行绿色贷款约为2.6万亿元,与2021年末相比增长了6300亿元,增幅达32%;交通银行绿色信贷余额突破6000亿元,与2021年末相比增幅超25%。这些都表明了绿色信贷发展迅速。

高增长的绿色信贷规模是绿色金融快速发展的具体体现,也为绿色低碳相关项目的发展提供了有力的资金支持。同时,绿色信贷作为一种高效的金融工具,将助推碳中和目标的实现。

10.2.2 以绿色金融战略定位为先导加速转型

在碳中和目标的引领下,各企业的绿色转型能够催生金融市场新机遇。在这一趋势下,金融机构需要加快向绿色金融机构的转型。而在这一过程中,金融机构需要明确绿色金融战略定位,并根据新定位开展转型工作。

1. 明确绿色金融战略定位

随着绿色低碳理念的深入,越来越多的金融机构将绿色金融融入企业战略。工、农、中、建四大银行都已经瞄准了绿色金融战略,积极向绿色金融业务进军。2020年，四大银行的绿色金融战略再次升级，积极参与全球绿色治理，提高企业在国际上的影响力。同时，不少城商银行、农商银行也积极把握绿色金融发展机遇，借鉴四大银行的经验，制定绿色金融发展战略，向着绿色银行、低碳银行的方向进发。

2. 强化绿色金融制度建设

明确定位后，金融机构接下来要做的就是强化绿色金融制度建设，为金融业务提供依据。当前，绿色信贷是绿色金融的关键业务，健全绿色信贷管理体系是金融机构布局的关键。目前，不少城商银行、农商银行都根据自身的竞争优势，制定了专业化的绿色金融制度。例如，兴业银行发布了《绿色租赁行业标准目录》，华夏银行推出了《华夏理财有限责任公司 ESG 业务管理办法（试行）》等。众银行将绿色金融战略融入优势业务，以制度打造独特的绿色金融服务。

3. 完善绿色金融组织架构

在绿色金融组织架构方面，许多金融机构都将绿色金融战略融入企业治理中。许多银行在董事会下成立了可持续发展委员会、绿色银行建设领导小组等，并成立了绿色金融部门。其中，华夏银行在这方面的布局较为完善，搭建了"总行—分行—网点"的绿色金融管理架构，实现了管理流程与业务流程的联动。

4. 推进金融业务

在搭建好绿色金融组织架构后，金融机构还需要布局绿色金融产品和服务，打造多元化的绿色金融产品体系。当前，银行推出的绿色金融产品有绿色信贷、绿色债券、绿色基金、碳金融产品等多种类型。不少银行都在原有绿色金融产品的基础上不断拓宽产品布局，打造多元化的产品矩阵。

5. 以绿色运营践行减碳目标

金融机构自身的低碳化运营也是实现碳中和目标的关键一环。不少金融机构都通过改造绿色网点、无纸化办公、供应商绿色准入等手段进行低碳化运营的相关实践。例如，为了实现无纸化办公，工商银行通过移动办公平台处理业务，大大减少了纸张的使用。同时，数据中心的使用也大大减少了综合能耗，有效实现了二氧化碳的减排。

此外，农业银行打造了移动化、无纸化的新型办公模式，用电量大大减少，能耗也实现了降低。中国银行建立了能源台账，有效节约了电耗，同时其搭建的绿色节能机房也实现了综合能耗的大幅降低。

6. 进行气候与环境风险管理

气候与环境风险是金融机构进行绿色转型需要关注的重点问题。气候变化引发的物理风险、碳减排带来的转型风险等都会影响金融机构的经营绩效。一些上市银行已经在环境风险管理方面进行了探索，为其他银行提供了经验。例如，工商银行基于环保政策变化对火电、水泥行业进行了环境压力测试，基于碳价、减排技术应用等对火电行业进行了压力测试。

10.2.3 工商银行：重视绿色金融产品创新

在"双碳"目标的实施背景下，工商银行致力于以绿色金融产品描绘金融产品创新发展的美丽画卷，加快实现其自身的绿色低碳转型。工商银行将绿色金融融入企业发展战略、企业制度和业务管理等各方面，建立了相对完善的绿色金融发展体系，统筹推进融资业务的低碳转型与风险管理。

工商银行在行业中率先倡导"绿色信贷"理念，并不断推动绿色信贷产品研发。据工商银行官网数据显示，截至 2022 年 6 月末，工商银行绿色贷款总额接近 3.5 万亿元,使其成为全球最大的绿色信贷银行之一。从工商银行绿色贷款总额来看,每年可节约 5000 多万吨标准煤,减少约 1.1 亿吨二氧化碳排放量,能够产生良好的环境效益,工商银行也因此获得了"绿色银行评价先进单位"的荣誉称号。

工商银行努力推动绿色金融产品创新,丰富绿色金融产品供给。工商银行的产品体系涵盖绿色信贷、绿色基金、绿色债券、绿色租赁等多种绿色业务,致力于实现全链条产品的绿色发展。为进一步推动绿色金融产品创新,工商银行设立了与可持续发展、碳中和债等绿色主题挂钩的绿色产品试点,并发行了国内首期总金额达到 100 亿元的绿色金融债券。工商银行联合中央国债登记结算企业,基于最新市场标准发布了"中债—工行绿色债券指数",以加深金融领域投资者对我国绿色债券市场的了解。

工商银行充分认识到了金融产品低碳转型对推动"双碳"目标实现的重要意义,并将产品的低碳转型和绿色创新作为其重要发展战略,不断推动高碳行业安全降碳。此外,工商银行支持骨干企业在设备更新、能效提升、技术改造等方面的资金需求,针对企业绿色发展的差异化需求,为企业定制个性化绿色转型方案,协助高碳企业逐步降碳。

绿色金融转型是一项十项艰巨的任务。工商银行全面贯彻绿色、可持续的新发展理念,坚定不移走绿色低碳创新的发展道路,推动绿色金融的高质量发展。工商银行为推进碳中和事业不断贡献金融力量和智慧,在绿色金融领域中有效发挥了示范和引领作用。

10.3 主要绿色金融产品汇总

大多数绿色金融产品属于绿色、环保能源投资,其主要目的是实现国家经济的健康、长久、可持续发展。绿色金融产品主要包括绿色债券、绿色信贷、绿色股票和绿色保险。

10.3.1 绿色债券可以"点绿成金"

由于传统能源行业及高污染、高能耗产业的发展日益受到限制，绿色、可持续发展项目越来越受资本市场的青睐，绿色债券也逐渐成为债券市场的主流。

例如，2021年5月6日，恒丰银行成功发行了由其独立承销的中国节能环保集团2021年度第一期绿色中期票据。这也是国内首笔乡村振兴和碳中和双贴标绿色债券，本期债券发行期限为3年，金额为10亿元，所募集资金将用于乡村振兴和碳减排等绿色项目。

本期绿色债券的10亿元发行金额将投向内蒙古节能风电项目、青岛市即墨区旧村改造片区污水源热泵项目、新疆哈密风电基地建设项目。以上项目运营后，污水热能、清洁能源风能将代替传统化石能源，从而减少二氧化碳、氮氧化物、二氧化硫等污染物的排放，对于调整我国能源结构和区域经济的协调发展具有重要意义。

绿色债券要想"点绿成金"，离不开多方合力。各大企业应不断推动绿色债券的发展，搭建绿色票据再贴现的高效"直通车"，推动企业绿色项目与银行绿色业务的充分对接，不断扩大绿色债券的发行范围。同时，各大银行应完善货币政策工具激励机制，引导金融机构完善关于碳排放权、用能权、排污权、用水权等各类融资工具，不断拓展绿色融资渠道，助推绿色经济的发展。

此外，国家及政府相关部门应及时完善绿色债券发展的激励政策，加大税收优惠、信用担保和风险补偿等力度，也可以根据绿色债券所支持绿色项目的减排效果对金融机构设定专项奖励。

为推动碳中和目标加快实现，加码绿色债券已经成为债券发行大势。国家及政府部门应助推各大企业绿色项目建设和绿色产品设计，鼓励银行和企业发展绿色债券业务；企业应借助国家的政策支持，加强与银行的业务联动，使绿色债券能够"点绿成金",带来丰厚回报。

10.3.2 绿色信贷的规模不可小觑

相较于其他金融产品来说,绿色信贷是我国绿色金融体系中起步最早、发展最快、政策最为成熟的金融产品。我国政府通过出台多项绿色信贷发展政策,鼓励商业银行推动绿色信贷产品的发展,推动绿色信贷规模的不断扩大和多元化发展。

绿色信贷产品对于环境保护、节能减排具有重要意义,其作为经济手段已经全面进入我国绿色环保、低碳减排工作的主战场。银行作为绿色信贷的主力军,大大推动了我国绿色信贷规模的发展和壮大。

2022年10月16日,各大国有银行发布前三季度融资投放公告。根据工商银行发布的公告可知,工商银行基于金融产品的绿色发展,优化了以新基础、新制造、新服务为重点的企业信贷布局,绿色贷款产品较年初增长约9500亿元,增幅约为34%,增量在金融产品市场上排名首位。

根据建设银行发布的公告可知,建设银行2022年前三季度的绿色贷款已接近2.6万亿元,较2021年末增长约6300亿元,增幅约为32%;根据交通银行发布的公告可知,交通银行2022年前三季度的绿色信贷已超6000亿元,相较于2021年末,增幅约为25%。综合来看,各大银行的绿色信贷规模依然保持快速增长的态势,我国绿色信贷的总体规模已达到了较高的级别。

现如今,国家不断出台绿色金融政策,鼓励大力发展绿色信贷。经过多年的发展和探索,我国绿色信贷已经逐步趋于完善,随着碳中和理念的不断深入,绿色信贷还将迎来新的发展。

10.3.3 绿色股票投资受欢迎

作为一种新型绿色、可持续金融产品,绿色股票为投资者提供了新的金融产品选择。绿色股票聚焦低碳转型与节能减排等环境保护工作，是绿色金融领域的核心产品之一。绿色股票的评估方法更加客观、透明，其可以满足专注于气候变化机遇与风险的股权投资者的特殊需求。

2020年，瑞典发布了绿色金融领域的创新产品——绿色股票，这也是全球首只绿色股票。2021年，纳斯达克北欧证券交易所发布"绿股贴标"计划，有8家公司成功获得了绿股标签；同年，菲律宾不动产投资信托公司REIT也获得了绿股认证，并于2022年2月在菲律宾证券交易所成功上市，成为亚洲首笔绿股IPO。纳斯达克的绿股标签旨在标识出来源于绿色活动的投资和收入超过50%的公司。

引进、推广绿色股票的融资形式和评估标准，既能够为中国企业实现碳中和提供一种灵活性更高、期限更长、成本更低的融资工具，也能够给专注于气候风险治理的ESG投资者提供一种可信度更高、回报更可观的绿色金融资产。在绿股发行的过程中，金融机构可以扮演融资中介与信息中介的角色，为绿色企业提供融资服务与信息服务，帮助企业尽快实现绿色低碳转型。

在碳中和的全球大背景下，绿色股票越来越受到广大投资者的欢迎。就目前低碳转型投资经济的发展形势来看，中国在全球绿色金融发展领域居于相对领先的位置，在未来的30年里，中国对于绿色股票的投资需求或许将达到上百亿元。

第11章

绿色建筑：低碳建筑新理念

建筑物是城市和乡村环境中的一部分，而绿色建筑顺应了当下的低碳发展理念。绿色建筑能够促进资源的有效节约和合理配置，缓解资源短缺与环境发展之间的矛盾，促进循环经济发展，实现资源的绿色、可持续发展。

11.1 绿色建筑发展按下"快进键"

绿色建筑不仅能够给人类提供健康、舒适的居住空间，还能够维持基本生态平衡，实现人与自然的和谐共生。随着绿色低碳理念在社会上的普及，绿色建筑的发展也进入了快进阶段。

11.1.1 建筑行业的碳排放情况

二氧化碳是导致全球变暖的主要"元凶"，碳排放给环境和人们的生活所造成的影响越来越大，全球变暖危机不断加剧。如今，碳排放量已经成为全球广为关注的话题。

清华大学建筑节能研究中心对中国建筑领域碳排放量的核算结果显示，

2019年中国建筑建造能耗占社会总能耗的11%，比全球建筑建造能耗高出5%；中国建筑运行能耗占社会总能耗的23%，低于全球建筑运行能耗的平均水平；2019年中国建筑行业的碳排放量占全国碳排放总量的38%，其中，建造碳排放量占比为16%，运行碳排放量占比为22%。随着社会经济的不断发展，人们的生活水平也会不断提高，建筑行业碳排放量还将继续增长。

该结果还显示，2019年中国民用建筑的建造能耗为5.4亿tce（吨标准煤当量），民用建筑建造由于建材施工产生的碳排放量达到16亿吨，中国建筑运行的化石能源的碳排放量达到22亿吨。建筑行业的温室气体排放量对于全球气候变暖的影响可想而知。

北京绿色金融与可持续发展研究院发布的《迈向2060碳中和——聚焦脱碳之路上的机遇和挑战》中指出，中国最晚实现碳中和的主要部门很有可能是建筑部门，建筑部门是碳排放量最高的终端消费来源。可见，建筑脱碳将成为推动碳中和发展的关键举措。

11.1.2 如何规范与提升建筑节能标准

能源消耗的日益增加使人类面临着前所未有的生存问题。中国能源问题日趋严峻，建筑行业作为能源消耗较高的一大行业，应该重视节能问题。

在建筑物设计阶段，设计单位应根据国家节能法规及民用建筑节能设计标准，采用绿色的节能产品和成熟的节能技术进行建筑物的设计开发。施工单位应根据建筑节能设计标准进行施工。在审查建筑工程时，施工审查机构应该将节能设计作为必要审查内容，如果建筑工程违反节能设计标准，施工审查机构要责令其整改。

此外，在墙体建筑方面，建筑企业不应采用实心黏土砖等黏土用材，应使用目前新型的环保墙体材料。在改善外围护结构的保温性能时，建筑企业应避免使用热桥。在改善门窗设计时，建筑企业应控制好门窗面积，并采用节能材料和技术增强门窗的密封性，从而减少室内热量的损失。例如，中空玻璃不仅拥有优美的外观，还具备良好的隔热功能，是节能门窗用材的不二选择。

建筑企业在进行室内建造时，应该以人、建筑与自然环境三者的协调发展为目标，在利用天然条件的同时融入节能技术，为居民创造健康、舒适的居住环境，减少对自然环境的破坏。例如，建筑企业可以充分利用太阳能搭建室内供热管道，减少暖气和空调的使用。在建造材料的选择上，建筑企业需要更多地考虑资源的合理配置，使建筑回归自然，而且建筑的外部设计要尽可能实现与周边环境的和谐相融。

要想促进建筑行业节能减排加快实施，建筑部门要秉承零碳能源的理念，从单纯地用能转换为用能、产能、蓄能三位一体的绿色能源格局，为未来绿色建筑的构建奠定能源转型基础。

11.1.3 加强建筑材料环保监管

在施工过程中，由于施工现场监管不当，导致很多建筑工程产生很多工业废料和污染气、液体，这不仅浪费了能源，还给环境带来了不小的压力。为了保护环境，建筑工程监管部门应加强建筑材料的环保监管，使建筑企业更加合理地配置资源。

建筑材料的环保性在一定程度上影响建筑物的稳定性和安全性，不仅如此，有毒有害建筑材料还会严重危害环境和人体健康。因此，建筑企业在采购环节需要对建筑材料严格把关，提高绿色建筑材料的采购比重。管理部门需要加大对建筑材料使用的监管力度，并督促建筑企业做好建筑材料的防腐、防潮工作，防止因管理不当导致建材性能下降。此外，管理部门还应加强对建筑材料的验收及检测工作，将无法通过环保检验的建筑材料及时清除，并严禁在后续施工环节中使用此类材料。

建筑行业应充分发挥第三方质检机构的监管作用。一般来说，第三方质检机构是工程质量检验的最后一道关口。但目前，我国建筑材料质检行业的准入门槛相对较低，并且各机构之间容易产生恶性竞争，竞相压价，从而导致检测费用不足以支持检测流程的专业化，使建筑材料的抽检质量下降。因此，建筑行业应选择具有权威性的第三方质检机构，提高建筑材料检测的专业度和准确性。

加强建筑材料环保监管有利于推动循环经济的发展，促进资源节约型、环境友好型社会建设加快。建筑材料的环保监控工作理应引起建筑行业的关注和重视。

11.2 碳中和时代，绿色建筑如何发展

如今，雨水利用、建筑遮阳、光伏建筑一体化等技术已被广泛运用于绿色建筑中。绿色建筑能够让人们获得较高的幸福感和舒适感。具体来说，建筑企业及相关单位可以从以下几方面入手，推动绿色建筑发展。

11.2.1 从源头上降低建筑能耗

随着建筑工程规模的不断扩大，高能耗现象在建筑行业中非常普遍，给资源和环境带来了沉重的负担。而导致高能耗的原因有很多，如施工设计不合理、设备老化、维修保养不及时等。为了从源头上降低建筑能耗，建筑企业应注意以下几方面。

1. 注重前期建筑设计

建筑企业应将环保、可持续理念融入建筑设计中，将建造绿色建筑作为主要目标。在建筑设计初期，建筑企业应加强对现场施工环境的勘察，仔细斟酌施工顺序，将资源配置与实际施工环境相结合，充分考量节约资源与保护环境，

为降低建筑能耗打好基础。

2. 选择可再生能源

为了从源头上降低建筑能耗,建筑企业应加强可再生能源的利用。目前应用较广泛的可再生能源有风能、太阳能、潮汐能等。例如,我国大多数发达城市已经开始利用太阳能和风能发电,这极大地降低了我国对传统煤炭发电方式的依赖程度。在科技的推动下,可再生能源的应用范围将会越来越广,建筑行业应使用节能、绿色的建筑施工技术,减少不可再生能源的使用。

3. 做好设备养护

建筑企业应定期对施工机械、设备进行检修,若发现设备功率低、能耗高,应及时维修或更换。例如,建筑企业可以成立机械设备维护工作组,定期进行设备巡视,排查设备能源消耗隐患,使设备尽可能地保持低能耗、高效率的运转状态。

4. 采购环保材料

在选择施工材料时,建筑企业应选择绿色、环保的材料,如石膏、砂石等天然材料,大芯板、环保型乳胶漆等低毒、环保性材料。同时,建筑企业应采用低能耗施工技术,如复合墙体技术,实现节能降耗的最大化。

总之,建筑企业在面对施工高能耗的问题时,应充分分析导致高能耗的原因,积极寻找解决方法,优化施工技术,从源头上减少能源损耗,促进环境可持续发展。

11.2.2 鼓励企业使用装配化建筑方式

传统的建筑理念和方式已难以适应当下社会发展的需要,新型绿色建筑成为建筑行业乃至整个社会可持续发展的重要工程。而装配化建筑方式是建筑领域实现绿色发展的重要途径。

在结构系统上，装配化建筑方式使用了预制混凝土墙板技术、装配式楼承板技术、钢筋连接技术等；在外围护系统上，装配化建筑方式使用了装配式屋面技术、幕墙技术、组装框架外墙技术等；在生产建造方面，装配化建筑方式使用了智能化生产技术、BIM 技术和可追溯性质量管理技术等；在设备与管线系统中，装配化建筑方式使用了管线集成技术、供暖通风技术和电气智能化技术等；在内装系统中，装配化建筑方式使用了集成卫浴系统、集成厨房系统和收纳系统等。

这些系统和技术的应用大大节省了建筑能源和资源，提升了建筑施工效率，也对建筑起到了很好的支撑和保护作用，减少了施工企业在资源使用和后期维护上付出的成本。

装配化建筑方式不仅能提高建筑结构的稳定性，还能大大提升资源的利用效率。例如，某工程项目中的楼房改造从地上 2 层到 29 层的结构中运用了混凝土叠合板的结构形式。这种结构形式具备现浇混凝土结构与预制结构的双重优点，具有非常稳固的支撑力，能够有效抗震。同时，建筑企业在该楼房的内部隔墙结构中应用了厚度为 100 毫米的蒸压加气混凝土隔墙板，装配率达到 82%。建筑企业在管道设计上还采用了排气管道成品，装配率达到 100%。

装配化建筑方式具有安全耐久、健康环保等优势，符合绿色建筑的发展理念。为推动建筑工程向高质量发展，各建筑企业应加强建筑施工的科技创新能力，将装配化建筑方式作为实现企业可持续发展的重要策略，不断助力绿色建筑的发展。

11.2.3 推广被动式超低能耗建筑

推广被动式超低能耗建筑是改善人们生活环境、推动碳中和的重要举措，也是培育新的经济增长点、促进产业转型的重要方式。

被动式超低能耗建筑搭载具有密封和集成保温作用的环境一体机系统，在节能减排方面超越了传统的烧煤供暖的采暖方式。被动式超低能耗建筑在营造"恒温、恒湿、恒洁、恒氧、恒静"环境的同时，还能够释放负氧离子，有效去除甲醛，使建筑成为宜居的"天然氧吧"，满足人们对舒适、健康居住环境的要求。

同时，被动式超低能耗建筑的普及能够推动节能门窗、智能遮阳、密封材料等产业的发展，以及施工管理、质量监管、规划设计等行业的升级，具有极强的推广价值。以下是发展被动式超低能耗建筑的3个要点。

1. 科学推动产业发展

建筑行业应努力加大产业深度，建立良好的产业生态；不断加强被动式超低能耗建筑技术研发，努力突破核心技术瓶颈；加强被动式超低能耗建筑产业从业人员的教育培训，为被动式超低能耗建筑的发展储备技术人才。

2. 实行专项补贴奖励机制

在新农村建设和城镇化改造中，政府及相关部门可以考虑通过专项补贴的形式鼓励各建筑企业采用被动式超低能耗建筑技术，更好地助力乡村振兴和城镇化发展。

3. 加强市场监管

建筑企业应采用系统集成技术开展被动式超低能耗建筑的设计、施工与维护工作，杜绝粗制滥造，提升建筑品质。建筑企业应加强施工监管与材料检测，开展评价认证，确保依标必严、违标必究，严格把控建筑品质，促使被动式超低能耗建筑真实达效。

被动式超低能耗建筑作为目前较为先进的节能建筑,能够极大地降低能源损耗,对实现碳中和的目标具有重要意义。

11.3 应对绿色建筑:各方齐发力

为有效应对资源紧缺和全球变暖等问题,各大城市和各建筑企业切实贯彻"创新、协调、绿色、开放、共享"五大发展理念,致力于做碳中和时代的绿色革命者。

11.3.1 深圳:颁布建筑行业首份绿色质造公约

2021年4月22日,深圳颁布了国内建筑行业首份绿色质造公约——《招商蛇口供应链"碳中和"绿色质造公约》。公约以"城市活力承载者、改革创新承载者、生活空间承载者、人文和谐承载者、绿色发展承载者"为主旨,倡议建筑行业减少碳排放,提高资源利用效率,推动城市、企业可持续发展。

自成立以来,蛇口工业区一直把低碳环保的理念融入"绿生活、绿建筑",不断总结绿色发展经验,完善绿色管理体系,将绿色生态理念贯穿于建筑生产的全过程。招商蛇口携手国家发展和改革委员会国际合作中心、住房和城乡建设部科学技术委员会等单位,共同致力于推进绿色人居事业的高质量发展。

在公约颁布当日举办的碳中和绿色发展专家研讨会上,重庆大学建设管理与房地产学院教授蔡伟光表示,建筑部门目前的碳达峰、碳中和挑战巨大,建筑一旦建成将持续影响50~100年,北方供暖体系重塑挑战同样巨大。因此,建筑行业须预测关于绿色发展方针的新动向,如碳约束性指标、碳排放限额设计、碳排放监督机制等。未来,建筑行业将通过环保施工、低碳运行等绿色发展战略,推动碳中和目标的实现。

在研讨会上,中国城市科学研究会绿色建筑研究中心副主任郭振伟表示,建筑行业应处理好减排与发展之间的关系,处理好降碳与群众生活之间的关系,同时应警惕碳减排生产的成本。他指出,绿色建筑应从资源节约、安全耐久和健康舒适等几个维度出发,将以人为本、为人服务作为施工核心,以建筑为载体,以绿色生活为目标,实现人、建筑、环境的协调发展。

此外,建筑行业要想加快实现向绿色建筑的转型,就需要产业链上的各合作伙伴齐心协力、联合共创。当下,已有上万家供应商入驻招商蛇口供应链,碳中和绿色质造公约在未来将实现建筑行业全面覆盖。

建筑行业是减碳控排、绿色发展的重点领域,深圳招商蛇口在地产行业中率先示范,加快地产行业的绿色发展,对行业乃至社会实现碳中和目标具有重要意义。

11.3.2　北京:打造国内首个近零能耗建筑

位于北京市的国内首个近零能耗建筑——智慧能源服务保障中心是河东5号热源工程的生产调度服务大楼。其建筑总面积为5208.3平方米,由职工之家、调度大厅、收费大厅等部分组成,有地下两层和地上3层。

智慧能源服务保障中心是绿建三星、多能耦合和近零能耗的示范项目,在绿建三星设计原则下满足近零能耗的设计要求,按照经济、安全、实用、美观的原则进行建造,结合智能微网、智能化控制和多能源系统实现舒适、智慧、高效、节能等优势。

相较于传统建筑,智慧能源服务保障中心不仅注重节材、节能、节水等方面,还注重再生资源的利用和建筑环境的健康程度,其在楼宇的设计中引入了智慧楼宇控制策略,使楼宇本体能耗降低了49.34%,综合能耗降低了73.69%。此外,智慧能源服务保障中心还安装了风管压差传感器、空气质量传感器、红外人体感应传感器、风管道温湿度传感器等,在保证光环境舒适恒定、楼宇内温湿度和空气质量健康达标的同时,极大地降低了建筑能耗。

为了进一步推动智慧楼宇的建设，智慧能源服务保障中心采用了先进的海林自控系统。海林自控拥有成熟的能源管理系统和楼宇自控系统，同时具备微环境管理系统、智能照明系统等末端集控系统。能源管理系统能够通过对建筑水、电、燃气等能耗的全面监测，以及空调、采暖、照明和排水等系统用能数据的评价、分析和诊断，实现能源的精细化、可视化管理，并提供节能策略，提升建筑的整体运维管理能力。楼宇自控系统能够通过对楼宇设备的一体化控制，实现楼宇从能源站到末端的整体自动化、智能化控制，在保证环境舒适、健康的同时，降低建筑能耗，打造智慧、安全、绿色的节能建筑。海林自控的末端集控系统集计算机网络技术、自动化控制技术于一体，能够同时对多台末端设备实行监控、开闭、启停和温控，并能够直观地观察每个末端的运行状态和故障情况，实现设备的集中控制和统一管理。

海林自控能够围绕楼宇全生命周期能源的输送、消耗和环境调节，实现对楼宇设备的控制和监测，分析各环节能源的损耗情况和使用效率，实现能源和建筑的供需平衡，最大限度减少碳排放，降低能耗。

智慧能源服务保障中心通过对楼宇的环境健康和能源使用的一体化控制，能够降低25%左右的能耗，在保证环境健康、舒适的同时，打造更加绿色的楼宇建筑。

11.3.3 远洋集团：积极弘扬碳中和理念

在建筑行业，无论是建筑的建造过程，还是建筑的运行过程，都与碳排放密切相关。2021年4月20日，远洋集团正式发布《远洋集团2020年度可持续发展报告》，并将"2050年实现碳中和"的目标写进报告。

远洋集团结合自身实际发展情况，积极践行企业责任，成为首批响应国家碳中和目标的建筑企业之一。远洋集团在报告中明确表示，其计划到2050年成为一家"净零排放"的建筑企业，与社会各界共同应对全球气候问题。

为了实现这一目标，远洋集团在企业管理层面制定应对气候变化的策略，通过打造低能耗的绿色建筑和节能环保的运营模式，减少温室气体的排放量。同时，远洋集团还设立了环境中期目标，即到 2025 年，碳排强度减少 35%，耗水强度减少 10%，无害废弃物强度减少 7%。为此，远洋集团积极带动供应商、员工、业主和租户等相关方，推动垃圾分类工作有效进行，提升垃圾的综合利用率。

实际上，远洋集团在低能耗的绿色建筑上已探索许久，其已经在绿色设计、绿色运营等方面形成了显著的市场优势。例如，远洋集团能够严格按照节能 65%、绿地率 30%实现建筑的节能减排、绿色发展。截至 2020 年底，远洋集团已注册 106 个绿色建筑项目，总面积超过 1500 万平方米，绿色建筑数量占比约为 61.5%。

2021 年 4 月 22 日，远洋集团旗下的远洋之帆公益基金会与国家住宅与居住环境工程技术研究中心、中国房地产业协会共同发起"建筑·健康 2030"联盟，并以"可持续城市建设"为主题、"建筑·健康"为核心理念倡导上下游产业链上的供应商共同参与责任履行，为实现绿色建筑可持续发展赋能。此外，在产品建筑方面，远洋集团努力投身于健康产品的打造，积极探索创新型健康建筑技术；在社区与社会发展方面，远洋集团助力周边城市和社区创造美好生活，推动乡村振兴。

从深耕建筑健康领域到成立"建筑·健康 2030"联盟，远洋集团持续将绿色、低碳、健康发展的碳中和理念融入企业的经营发展战略，在推动自身绿色建筑高质量发展的同时，也不忘为社会的低碳发展和环境改善贡献自己的一份力量。

11.3.4 碧桂园：做碳中和时代的绿色革命者

大力发展绿色建筑是建筑行业实现碳中和的有效手段之一。目前，已有不少建筑企业开始践行绿色建筑理念，将实现碳中和的目标作为企业长期发展战略之一，碧桂园就是其中的代表企业之一。在推动绿色建筑高质量发展的过程中，碧桂园潜心钻研新技术，开发绿色产品，目前已经取得了一些阶段性成果。

碧桂园2020年度ESG报告显示，2020年，碧桂园新增64个符合国家绿色建筑标准的建设项目。其中，已获取国家绿建标准认证的有46个。截至2020年底，碧桂园累计发展绿色建筑总面积超过2亿平方米。其中，国家绿建二星项目为7011万平方米，国家绿建三星项目为182万平方米。由此可见，碧桂园早已将绿色生态、节能减排的开发理念贯穿于项目开发的全生命周期。

以大连碧桂园为例，大连碧桂园在过去的几年间始终致力于绿色建筑的开发并取得了一定的成果。截至2020年，大连碧桂园已荣获政府授牌的8项荣誉，其中包括省级优质结构奖、市级安全文明工地奖、市级绿色建筑示范项目奖。大连碧桂园在其东港国际项目中采取了爬架、铝膜等新材料和高精砌块砌筑、全现浇外墙等新工艺。其中，爬架、铝膜既能够实现材料的循环利用，节省建造成本，又能够推动项目施工的节能环保。同时，相较于传统的木模工艺，高精砌块砌筑工艺既能够降低建筑材料的损耗，又能够降低建筑的施工难度。从材料选择到施工工艺，碧桂园都以绿色建造、节能减排为基本策略，努力向碳中和目标不断迈进。

此外，碧桂园还探索了智能建造新模式——建筑机器人，将智能化技术融入建筑建造过程，实现各环节建造的节能、高效。碧桂园研制的建筑机器人绝大多数用于装配式建筑施工和现浇混凝土工艺，并且已有部分机器人实现商业化应用，分布在多个城市。以碧桂园的测量机器人为例，测量机器人能够通过3D、AI图像处理和虚拟仿真技术，使测量效率和精准度远高于人工测量。

碧桂园旗下子公司广东博智林数字科技有限公司研发的智慧工地系统集成了机器人、物联网、BIM等先进技术，目前已被应用于施工管理中，对工地施工情况、资源使用情况、污染情况进行实时监测，为绿色施工保驾护航。智慧工地系统通过对工地环境的实时监控,对施工过程起到了监督和规范作用,在一定程度上保障了资源运用的合理性和施工环境的整洁性,推动了建筑工地的节能、高效、绿色发展。

碧桂园致力于实现人、建筑、环境的和谐发展,坚持以绿色科技为引领实现可持续发展。碧桂园持续贯彻环保、节能、高效的绿色建筑理念,为实现碳中和目标贡献巨大力量。

第12章

绿色交通：低碳出行成为时尚

随着社会经济的高速发展，人们对交通拥堵、尾气污染等问题越来越重视。绿色交通、低碳出行逐渐成为当下主流的出行理念。在此理念下，我国的出行方式逐渐朝着智能和共享的方向发展。共享单车、共享汽车等出行方式既满足了消费者的自驾需求，又避免了过多的能源损耗和二氧化碳的排放。

12.1 碳中和背景下的交通行业

近年来，我国交通行业的碳排放量依然保持快速增长的态势。随着国民经济的稳步增长，我国交通运输的需求也将保持大幅度增长，交通行业在践行碳中和目标的过程中将会面对较大的压力。

12.1.1 思考：交通能源消耗为什么持续增长

自改革开放以来，我国交通运输业迅猛发展，各种交通运输方式的客货运输量成倍增长。但随着交通运输业的快速发展，交通运输的能源消耗也在持续增加。交通运输的能耗主要包括油耗和电耗。交通行业的油耗在全社会总油耗中占比最大，油耗主要包括柴油、煤油和汽油3种，这3种油耗的污染性都很大。海陆空运输方式都需要大量的油耗，尤其是航空运输。据《2020年民航行业发展统计公报》可知，2020年，我国民航运输行业总周转量为798.51亿吨公里，运输飞行时长为876.22万小时，旅客运输量为41777.82万人次，在全球居于领先地位。同时，民航吨公里油耗值为0.316千克，虽然较之前有所下降，但所占比重依然很大。

很多大城市的交通运输需要大量的电力能源，电耗也是我国交通行业的主要能耗之一。其中，铁路电力耗能占所有运输方式总电力耗能的比重较大。如今，地铁是铁路运输的主要形式之一，是众多年轻人通勤和外出游玩时首选的交通工具。为了满足市民需求，各大城市都在努力扩张地铁线路。就目前的形势来看，地铁的运输量在未来仍会只增不减。

就我国目前的经济发展状况和未来的经济发展前景来看，我国的交通运输需求量仍然会保持旺盛的增长态势，因此，我国的交通能源消耗量也将持续增长。

12.1.2 交通碳中和面临的三大问题

交通行业碳排放具有占比大、增速快等特点，是我国碳减排难度最高、潜力最大的领域。实现交通碳中和任重而道远，对于助力我国总体的碳中和进程具有重要意义。以下是交通碳中和面临的三大问题，如图12-1所示。

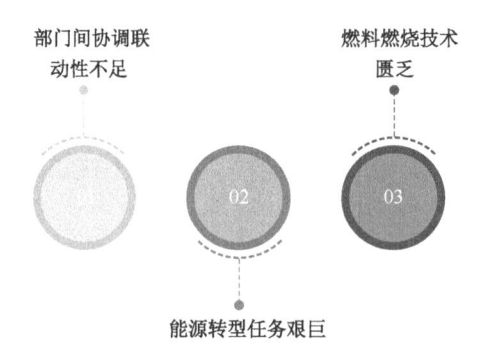

图12-1 交通碳中和面临的三大问题

1. 部门间协调联动性不足

目前，交通行业的碳中和涉及生态环境、公安、工信等部门。但如今，各部门间的协调联动性不够，导致行业壁垒仍然存在。针对碳中和目标，各部门亟待加强协调联动性。例如，相关部门可以针对交通行业出台机动车能耗监测标准，从而更好地监督、控制机动车能耗情况，推动交通行业在环保运输技术、装备方面实现转型升级，助力交通行业通过技术的提升加快实现碳中和。

2. 能源转型任务艰巨

能源转型是交通行业实现碳中和的核心措施之一。传统的柴油、汽油和电能应逐步向太阳能、氢能转变。太阳能是助推生态环境实现可持续发展的重要能源。2022年6月，我国首款太阳能汽车"天津号"在世界智能大会上展出。该款汽车将太阳能作为驱动力，代替了传统燃油，走在了交通行业能源转型的前沿，但将太阳能广泛应用于交通行业依然是一项长期且艰巨的任务。而氢能在交通工具上的应用仍处于探索阶段。未来，基于绿氢和生物质转换的碳中和燃料可能会成为交通运输行业打造绿色交通的重要能源。

3. 燃料燃烧技术匮乏

由于柴油是化石燃料，因此在减碳前期，无论交通行业如何进行减污降碳协同减排，都难以实现二氧化碳的净零排放。因此，要想加快实现碳中和，交通行业就需要在燃料工艺和技术上不断创新，如发展绿色燃料合成技术、碳中和内燃机技术等。同时，交通行业要想实现最大限度减少污染物的排放，就需要进一步提高燃料燃烧效率，并采取更高效的热管理技术、排放后处理技术等，实现氮氧化物和二氧化碳的协同减排。

碳中和目标的提出，是我国交通行业转型的重要机遇，也给交通行业带来了新的挑战。交通行业应思考、分析其在碳中和道路上面对的主要问题，努力寻找正确的解决途径，助力碳中和目标更好地实现。

12.1.3 实现道路净零排放的方法

交通行业的低碳减排是大势所趋，其中，道路交通是交通行业低碳转型的关键领域。在新一轮科技革命和碳中和的浪潮下，推动新能源汽车和智慧交通的发展，是交通行业低碳发展的共识。

打造智能化道路交通技术是实现道路净零排放的有效方法。以百度智能交通为例，百度智能交通通过构建智能化道路体系，实现设备复用，降低道路基础设施的能源消耗，节省电力资源。百度智能交通通过自动驾驶的赋能提高运输效率，从一站式综合出行服务平台、城市智能交通云和车路协同网络等多个方面入手建设高效、高质量的智能道路。

同时，百度智能交通精准匹配供需，探索共享出行。百度智能交通综合匹配乘客的出行成本、出行时间和对环境的影响，采用多种交通方式为乘客提供一站式出行服务，实现共享出行。百度智能交通利用先进技术促进道路交通方式加快迭代，着力于推动道路净零排放的快速发展。

研发新能源技术是实现道路净零排放的主要途径。当前，中国新能源汽车产业整体发展良好，以电力技术、太阳能技术为代表的关键技术不断发展，新能源汽车产业链逐步贯通。各汽车制造企业应加快新能源技术的研发，创新动力电池和太阳能驱动的核心技术。

在打造电动汽车时，汽车企业应加强用地保障，充分考量各地的土地供应条件，完善电动汽车的配建要求。新能源汽车技术从根源上降低了碳排放，对于实现道路净零排放具有重要意义。同时，各汽车制造企业应借鉴国内外新能源汽车的成功经验，完善新能源基础设施建设与规划。

实现道路净零排放需要交通行业将绿色理念和新能源技术贯穿于产品研

发中，通过先进技术提升新能源汽车的运行能效，竭力推动道路交通的节能减排，践行交通碳中和的长久目标。

12.2　面对碳中和，交通行业如何出招

想要实现碳中和目标，交通行业低碳转型的任务仍然艰巨。本节将围绕交通碳中和目标探讨交通行业如何加快低碳减排、绿色发展的步伐。

12.2.1　加速推动交通结构优化

交通行业应规划碳中和目标践行体系，明确交通碳中和节能减排目标，用绿色低碳的理念加速推动交通结构的完善和优化。

首先，各城市应构建低碳出行空间格局，有效管理交通需求。各城市应合理规划国土空间格局，立足于交通与用地的一体化，推广街区制，优化各类基础设施和公共设施的布局，形成分级式高效生活圈，提升生活圈设施的覆盖率和城区职住平衡度，从而缩短交通出行距离。

其次，各城市应实施公共交通优先发展战略，推动城市空间的集约型发展。各城市应坚持碳中和目标的引领作用，从源头保障城市空间规划与公共交通建设紧密结合；将公共交通作为城市交通资源配置的抓手，系统优化城市交通资源配置；完善接驳体系，推动公共交通一体化衔接发展，提升公共交通出行链的整体吸引力。同时，各城市应促进汽车产业与公共交通协同发展，避免政策层面出现矛盾，使各种交通方式在实现碳中和方面保持目标统一、方向一致。

最后，各城市应努力推行低碳出行方式。各城市应打造适宜步行、自行车行驶的城市交通体系，因地制宜地建设安全、通畅的步行道、非机动车道，鼓励居民绿色低碳出行。同时，各城市应推动建立高效、便利的新能源补给网络，增加汽车充电桩、电动车充电桩、加氢站等基础设施的数量，为人们的低碳出

行提供更加便利的配备设施和有利的出行环境。

推广低碳交通工具、完善交通设施建设是推动交通结构优化的重要方式，也是实现绿色生活、交通碳中和的关键途径。

12.2.2 进一步提升公共出行体验

公共交通是城市交通的重要组成部分，具有票价低、节能环保、覆盖面广等优势，能够为居民出行提供极大便利。公共交通的发展是促进交通碳中和目标实现的重要途径，但其要想长久发展下去，就需要把乘客体验作为落脚点。

目前，大多数城镇居民对公共交通较为认可，但也有一部分居民对公共交通的评价相对较低，这类评价主要集中在公共交通的发车时间间隔、路线质量等方面。例如，在某些城市上下班的高峰期，公共交通往往难以避免道路堵塞，这样就难以确保公共交通的准时性，进而影响乘客通勤的时间规划。此外，公共交通尚未建立系统的服务标准和评价体系，乘客难以有效地反映建议和意见。

因此，完善公共交通服务体系、提升乘客公共出行体验至关重要。

首先，公共交通行业应尽快制定运营服务标准。例如，在制定公共交通站点间的时间间隔标准时，应考虑平峰期和高峰期两种情况。

其次，公共交通行业应对站点覆盖率、人流量、换乘系数等进行着重分析，充分了解乘客对公共交通工具的需求，确保线路服务质量，提升线路服务水平。

最后，公共交通行业可以将线上与线下相结合，推动公共交通服务方式的创新。在线下服务方面，尽量从特殊人群的需求入手。例如，老年人是相对固定的乘坐公共交通的群体，公共交通行业要加强公共交通乘车设施的建设，提升老年人乘车的便利性。在线上服务方面，可以加强个性化需求定制，完善已有的学生班车、职工通勤专车等服务项目，实现公共交通的规模化和个性化发展。

公共交通行业应从服务运营的角度出发，具体调查、分析居民的乘车出行需求，制定相应的服务运营标准，确保公共交通的服务质量，努力提升公共交通的吸引力。

12.2.3　引进技术，助力轨道交通数字化

数字化时代的发展推动了信息技术的快速变革，很多企业都将数字化技术融入产品设计与运营。轨道交通行业应抓住数字化浪潮，实现轨道交通的数字化变革，提高轨道交通运营效率，践行低碳减排、绿色生活的理念。

轨道交通可以借助云计算、大数据、物联网、数字孪生、人工智能等数字化技术实现智慧化、精细化管理，从而降低轨道运输成本和能源损耗，为乘客带来更智能、便捷的体验。例如，北京智汇云舟科技有限公司借助实景数字孪生技术，以 3D GIS 技术为依托，将视频融合、位置智能分析、北斗网络、多源异构数据计算等技术融入轨道交通运营。

其中，实景数字孪生技术、三维视频技术和北斗网络技术的融合能够实现轨道交通的监控视频与三维场景的拼接融合，解决传统监控视频画面割裂、视角相似、位置分散等问题。智汇云舟为轨道交通打造了数字化的智慧管理模式。数字化技术的运用大大提升了轨道交通运输效率，为轨道交通运输提供了更加便捷、高效的服务。同时，数字化智慧轨道运营模式为众多轨道交通企业提供了数字化转型标杆方案，加速了国内轨道交通的数字化发展。

数字化技术推动了轨道交通的转型和变革，打造了绿色集约、安全高效的现代化轨道交通运输体系，对交通行业实现碳中和的目标具有重要的推动作用。

12.2.4　国家力量：推出强有力的政策组合

为推动交通行业碳中和目标的实现，国家积极贯彻碳中和总目标，制定并颁布了相关的政策，积极推进交通行业节能减排工作，加快推动交通行业的绿色低碳转型和绿色发展。国家主要从以下几方面入手制定相关政策。

1. 加强顶层设计

交通运输部印发了《关于全面深入推进绿色交通发展的意见》和《推进交通运输生态文明建设实施方案》，并组织编制《交通运输行业重点节能低碳技术推广目录（2021年度）》，着力推动交通行业的生态文明建设。

2. 推进车辆污染治理

生态环境部、交通运输部、国家市场监督管理总局联合印发了《关于建立实施汽车排放检验与维护制度的通知》，生态环境部、交通运输部联合发布了《汽车排放检验机构和汽车排放性能维护（维修）站数据交换规范》，制定了汽车排放的相关标准，依法对汽车排放进行监督、抽检和维护。生态环境部、交通运输部、公安部、商务部、财政部联合印发了《关于加快推进京津冀、汾渭平原国三及以下排放标准营运柴油货车淘汰工作的通知》，推进重点区域不符合碳排放标准的柴油货车的淘汰工作。

3. 开展船舶污染整治

为推动船舶污染物接收设施的建设，交通运输部印发了《港口和船舶污染物接收转运及处置设施建设方案编制指南》，推动水上绿色综合服务区建设，完善执法监管措施，加大船舶违法排污的整治力度。此外，交通运输部、国家发展和改革委员会、住房和城乡建设部、生态环境部联合制定了《关于建立健全长江经济带船舶和港口污染防治长效机制的意见》，推进老旧船只的改造工作，加强船舶污染物接收转运的电子化管理，对长江经济带的传播污染问题进行集中整治，进一步加强船舶的污染防控。

可见，国家对于交通行业碳中和的发展十分重视。交通行业的碳中和目标在国家政策的支持下，能够更加顺利、快速地实现。

12.3 迎接智能网联汽车新时代

近年来，随着新能源汽车的不断发展，汽车行业迎来智能网联汽车发展的新时代。智能网联汽车不同于传统汽车，其能够与城市、交通、生活进行高度的智能化融合，实现人、车、路的高度协同，推动汽车行业形成智能、低碳、环保的新发展格局。

12.3.1 智能网联汽车的发展现状

中研产业研究院发布的《2022—2027年中国智能汽车行业发展现状分析及投资前景预测研究报告》显示，全球智能汽车的销量已达到1亿辆。智能汽车的市场均价为16万元，市场规模达到1万亿元。

如今，国内的多个城市已经开展智能网联汽车的商业化试运营。工业和信息化部发布的相关数据显示，2020年，我国智能网联汽车的新车市场渗透率已达到48.8%，高于全球3.8%，这意味着智能网联汽车已经成为国内众多消费者的购车选择之一。2022世界智能网联汽车大会的数据显示，我国开放测试公路已超7000千米，实际道路测试里程已超1500万千米。

近年来，国家主管部门对汽车的智能化和网联化进行了相应的统筹规划。其中，国家标准化管委会、交通运输部、工业和信息化部、公安部等部门联合推出了智能网联汽车产业政策，致力于推动智能网联汽车产业基础设施建设和产业架构优化升级。

随着科学技术的不断发展，智能网联汽车的发展速度进一步加快。首先，5G网络的应用大大提升了智能网联汽车收集、分析外界数据的能力，保障了智能车载导航信息的实时性。其次，区域链的透明化和去中心化分布特性融入智能网联汽车的大数据处理，极大地增强了智能网联汽车的网络安全性，提高了智能出行的信任和安全级别。最后，传感器技术的升级提高了智能网联汽车驱动 ADAS 的发展，促使各新能源主机厂旗舰车型实现 L2 级别的智能自动驾驶。

智能网联汽车技术不断创新，应用场景也不断丰富，但智能网联汽车实现大规模商业化应用还需要经历一个长期发展阶段。这就需要汽车企业不断提升自身科技创新能力，打造智能网联汽车的关键核心技术，不断优化智能网联汽车的发展路径。

12.3.2 明确智能网联汽车标准

我国相关部门从智能网联汽车基础、产品与技术应用、通用规范和相关标准 4 个方面入手，细分了以下 5 个智能网联汽车标准。

1. 整车级评价标准

目前，我国对智能网联汽车制定了整车级评价的相关标准，包括《智能网联汽车 自动驾驶功能测试方法及要求 第 1 部分：通用功能》《智能网联汽车 自动驾驶功能测试方法及要求 第 2 部分：城区行驶功能》《智能网联汽车 自动驾驶功能测试方法及要求 第 3 部分：列队跟驰功能》《智能网联汽车 自动驾驶功能测试方法及要求 第 4 部分：快速路行驶功能》《基于 LTE-V2X 直连通信的车载信息交互系统技术要求》等。以上 5 项标准对如何测试车辆在不同环境、不同情形下的智能表现做出了相关要求。

2. 系统级测试方法标准

我国针对智能网联汽车的系统级测试方法已发布的标准有：《汽车智能限速系统性能要求及试验方法》《智能网联汽车 组合驾驶辅助系统技术要求及试验方法 第 1 部分：单车道行驶控制》《智能网联汽车 组合驾驶辅助系统技术要

求及试验方法 第2部分：多车道行驶控制》。以上系统级测试方法标准主要集中在高级驾驶辅助系统上，目的是进一步规范智能网联汽车的驾驶辅助系统技术研发与验收工作。

3. 驾驶自动化标准

驾驶自动化标准是智能网联汽车标准的重要组成部分。目前针对驾驶自动化等级划分的标准有《汽车驾驶自动化分级》，该标准将错综复杂的汽车驾驶自动化功能按照等级划分，是汽车智能化发展级别划分的重要参考依据。

4. 信息安全标准

信息安全工作从基础和通用、功能应用与管理、关键系统与部件、共性技术和相关设施等方面展开。目前发布的标准有：《车载信息交互系统信息安全技术要求及试验方法》《汽车信息安全通用技术要求》《汽车整车信息安全技术要求及试验方法》《汽车软件升级通用技术要求》。以上标准致力于推动智能网联汽车的信息安全体系的设计和研究工作的系统化和规范化。

5. 功能安全标准

功能安全是智能网联汽车在研发过程中的主要关注点之一，目前发布的功能安全评价标准有：《商用车辆车道保持系统性能要求及试验方法》《道路车辆预期功能安全》。以上标准规范了智能网联汽车的安全性，并进一步规划了智能网联汽车发展预期功能的可行标准。

智能网联汽车标准还处于不断研究与发展中，未来将会有新的标准对智能网联汽车进行更深入的规范和要求，使智能网联汽车沿着可持续发展的方向加速前进。

12.3.3 未来，智能网联汽车领域如何创新

随着我国智能网联汽车体系的建立，智能网联汽车正在逐渐进入大众的视野。为了进一步提升市场影响力，智能网联汽车应不断创新，以更先进的技术应用颠覆汽车行业。

在智能网联汽车领域蓬勃发展的背景下，未来将会有越来越多的汽车企业进入智能网联汽车的赛道。多方力量的加入既能够完善国内智能网联汽车生态和产业链，又能够加快智能网联汽车核心技术的研发进程，为用户带来更便捷、舒适的体验，增强智能网联汽车对大众的吸引力。

以中国一汽为例，在智能网联汽车领域，中国一汽已经构建了全栈式解决方案及 L2~L4 级别自动驾驶平台。针对智能网联汽车的未来发展，中国一汽制定了"阡旗技术发展战略"。在智能网联方面，中国一汽围绕"车云一体化融合架构"技术路线，聚焦于智能驾驶、智能座舱、智能控制三大关键技术领域，致力于攻克 SOA 架构、整车协同控制、人工智能、大交互、网联通信、仿真测试等主要技术，计划建造车路云和中央计算协同控制架构与 AI 驱动的车云一体化数字架构，打造一流的智能网联汽车产品。

作为民族汽车品牌，中国一汽秉持开放、自主的合作理念，与互联网科技企业共同研发前瞻技术，推动智能网联汽车的发展。

12.4 各方参与，助力碳中和目标达成

随着绿色生活理念的不断深入，各大城市和企业都开始注重交通运输领域的低碳发展。碳中和在各方的助力下，发展步伐进一步加快。

12.4.1 重庆：打造"车-路-云"碳中和示范区

位于重庆市的两江新区作为西部第一个国家级碳中和智能网联示范区，为碳中和目标的实现作出了重要贡献。2021年5月27日，两江新区建设了网联车路协同项目，其以交通出行需求为导向，以产业发展为驱动，实现MAAS出行创新应用及多场景的"车—路—云"协同智能化驾驶。

两江新区的项目一期完成了约4千米长度的车联网建设，打造了功能适配、生态完善的"车—路—云"技术互联的示范场景，并打造了远程驾驶、智能城市管家、城市巡逻安防等应用场景，实现了车路协同自动驾驶、超视距感知、主动式公交优先等功能。项目一期的建设满足了车路协同高级辅助驾驶和自动驾驶车辆试运营等需求。

两江新区的项目二期完成城市道路智能化改造总长度约55千米，其基于现有的交通基础设施和土地资源，致力于构建全场景城市道路网联车路协同示范区，开展自动驾驶、车路协同、智能网联等关键环节协同发展的示范运营。项目二期充分运用了5G技术，打造了"5G+AR导航""5G+车载实时监控""5G+远程驾驶"等相关网联应用场景。同时，项目二期致力于打造最完善的车路协同智能化驾驶应用场景，包括交通效率、驾驶辅助、危险路况提醒和异常交通路况四大类场景。

两江新区的示范项目抓住了新一轮交通碳中和生态布局的机遇期，顺应了新时代车联网的发展战略，为新时代"车—路—云"的一体化发展起到了很好的引领和示范作用。

12.4.2 腾讯：探索"碳中和+交通"模式

作为国内顶尖互联网企业之一，腾讯积极响应碳中和战略目标，致力于用科技助力节能减排、绿色生活的发展。

在车路协同和自动驾驶领域，腾讯基于边缘计算搭建 V2X 数据服务引擎、交通云控平台及 5G 车路协同平台，打通了"车—路—云"数字交通闭环。目前，腾讯借助虚拟仿真技术建设智能网联汽车仿真运营项目，助力位于长沙的国家智能网联汽车测试区的建设，推动交通网络的技术升级，提高交通运行效率，进而降低交通碳排放。

在创新交通建设方面，腾讯在交通大数据中心、智能网联先导区、智慧道路建设等环节，以交通新基建为核心，借助数字化手段，助力实现用户绿色出行，推动经济高质量发展，助力打造更好的交通基础设施。在数字交通管理方面，腾讯在综合智能缓堵整治、交通安全管理与应急、交通综合监控和指挥等场景中持续发力，基于丰富的交通大数据生态，给用户带来更安全、便捷的出行体验。

此外，腾讯携手产业链合作伙伴，以绿色、开放、协同的理念共建智能交通产业。同时，腾讯积极与政府、科研机构、行业协会合作，从整体交通战略布局入手，助力交通产业的智慧升级，推动交通碳中和目标的加快实现。

12.4.3　比亚迪：助力交通行业实现零碳愿景

为响应交通行业绿色"净零碳"号召，比亚迪联合巴士制造商 ADL、英国电力巨头 SSE 共同发起了一场以"通向可持续发展之路"为主题的绿色大巴巡游活动。其与 ADL 携手打造了纯电动双层巴士，并开展了为期 11 天的电动化之旅。

绿色大巴从伦敦诺森伯兰公园站出发，途经牛津、诺丁汉、爱丁堡等 10 个站点，最终抵达格拉斯哥，为活动参与者提供便捷、高效的零碳排放出行服务。比亚迪秉承合作共赢和绿色发展理念，在新能源汽车领域牵手合作企业不断推动电动化公共交通发展进程，推动交通碳中和尽快实现。

比亚迪坚持用技术创新满足人们对绿色生活的向往和追求，其新能源汽车的足迹已经遍布全球六大洲和300多个城市。未来，比亚迪将汇聚低碳科技的强大合力，承担起国际化企业对于节能减排的责任和担当，在可持续发展道路上加大绿色科技的研发投入，不断践行交通行业发展的零碳愿景。

读者调查表

尊敬的读者：

  自电子工业出版社工业技术分社开展读者调查活动以来，收到来自全国各地众多读者的积极反馈，他们除了褒奖我们所出版图书的优点外，也很客观地指出需要改进的地方。读者对我们工作的支持与关爱，将促进我们为您提供更优秀的图书。您可以填写下表寄给我们（北京市丰台区金家村288#华信大厦电子工业出版社工业技术分社　邮编：100036），也可以给我们电话，反馈您的建议。我们将从中评出热心读者若干名，赠送我们出版的图书。谢谢您对我们工作的支持！

姓名：_____　　性别：□男　□女　　年龄：_____　　职业：_____

电话（手机）：_____　　　　E-mail：_____

传真：_____　　通信地址：_____　　邮编：_____

1. 影响您购买同类图书因素（可多选）：
□封面封底　　□价格　　　□内容提要、前言和目录　　□书评广告　　□出版社名声
□作者名声　　□正文内容　□其他_____

2. 您对本图书的满意度：

从技术角度	□很满意	□比较满意	□一般	□较不满意	□不满意
从文字角度	□很满意	□比较满意	□一般	□较不满意	□不满意
从排版、封面设计角度	□很满意	□比较满意	□一般	□较不满意	□不满意

3. 您选购了我们哪些图书？主要用途？

4. 您最喜欢我们出版的哪本图书？请说明理由。

5. 目前教学您使用的是哪本教材？（请说明书名、作者、出版年、定价、出版社），有何优缺点？

6. 您的相关专业领域中所涉及的新专业、新技术包括：

7. 您感兴趣或希望增加的图书选题有：

8. 您所教课程主要参考书？请说明书名、作者、出版年、定价、出版社。

邮寄地址：北京市丰台区金家村288#华信大厦电子工业出版社工业技术分社
邮编：100036　　电话：18614084788　　E-mail：lzhmails@phei.com.cn
微信 ID：lzhairs/18614084788　　联系人：刘志红

电子工业出版社编著书籍推荐表

姓名		性别		出生年月		职称/职务	
单位							
专业			E-mail				
通信地址							
联系电话				研究方向及教学科目			

个人简历（毕业院校、专业、从事过的以及正在从事的项目、发表过的论文）

您近期的写作计划：

您推荐的国外原版图书：

您认为目前市场上最缺乏的图书及类型：

邮寄地址：北京市丰台区金家村288#华信大厦电子工业出版社工业技术分社
邮编：100036　电话：18614084788　E-mail：lzhmails@phei.com.cn
微信 ID：lzhairs/18614084788　联系人：刘志红